子どもも親も喜ぶ施設を
安定経営できる！

# 「民間学童」の
つくり方・運営の仕方

遠藤奈央子
Endo Naoko

## はじめに

### ■学童保育は手堅く稼げるビジネスモデル

　35歳で会社員を辞めて独立。東京の白金台にて民間学童保育施設開校を皮切りに、独立7年目に表参道駅徒歩3分の大通り沿いに4校目をさらに9年目にタイ・バンコクにて駅直結400店舗を擁する大型商業施設に3〜6歳向けの一時預かり・教育施設を開校することができました。

　なぜいまに至ることができたのか。その一番の理由は、学童保育というビジネスを選択したからです。

　どんなビジネスでも、起業1年目の最大の課題は、いつ黒字化できるのか。これに尽きます。

　学童保育ビジネスは、起業7か月で単月黒字達成へのストーリーが明確なビジネスです。

　さらに入会者は平均3年間継続利用する、広告費は売上の1％台、開校2年目以降は口コミで広がる、という特徴があります。

　つまり学童保育は手堅く稼げるビジネスモデルなのです。

　また、ポイントを押さえたら自分流にアレンジすることが可能です。

### ■学童保育ビジネスで教育者としての顔をもつ事業家を目指す

　学童保育の仕事の醍醐味は、子どもの成長の瞬間に出会え、そして自分自身も子どもと一緒に成長し続けられることです。子どもの放課後の時間を使って、自分の理想とする保育や教育を実施することができます。

　本を自分で読む習慣がほとんどなかったのに、学童保育の活動で、調べもののために初めて本がほしいとお母さんにねだり、難しい字や意味を聞きながら本を読むようになった1年生。台本づくりのために、初めて家のパソコンの文章作成ソフトの使い方を学び、両手の人差し指でA4サイズ25枚の原稿をつくりあげた4年生。子どもたちのた

くさんの成長物語が、私たちにはあります。

## ■起業はドラマだ！
　起業に向けてあなたが抱えている疑問や不安、そして恐怖を、私はおそらくすべて経験したと思います。

- 家族が起業に賛成してくれなかったこと
- 融資の審査書類を再提出したこと
- 不動産審査で断られたこと
- トイレのドアノブをさかさまに取りつけられたこと
- 30万円かけて送ったDMハガキの反応がたった4件だったこと
- 貯金が毎月100万円単位で消えていったこと
- 騒音問題から教室を移転したこと
- 代替物件が全く見つからなかったこと
- トラブルにより、不動産会社と弁護士を立てて交渉したこと
- ある日、自分の教室とそっくりな教室ができたこと
- ロゴと屋号を模倣されたこと
- 脅迫を受けたこと

　身をもってたくさんの経験をしたからこそ、どうやったら回避できるのか、もし発生したらどうやってリカバリーしたらよいのか、あなたに実効力のあるアドバイスができるはずです。そして、こんな不安や恐怖を経験しても、それを上回るたくさんの喜びと使命感があるのが、この学童保育ビジネスなのです。

## ■本書でわかる学童保育ビジネスへの疑問
　「教育ビジネスの経験がないけど大丈夫だろうか？」
　私は35歳で最初の教室を開く前は、リクルートの法人営業担当や、外資系コンサルタントとして働いていました。法人対象のビジネス経験のみで、個人向けのビジネスの経験はゼロ。子どもに教えるアルバ

イト経験はありましたが、本業としての勤務経験もゼロ。

　実績がない中での最初の一歩の踏み出し方や信頼を得るための方法も本書で紹介しています。ぜひ、参考にしてください。

「学童保育は保育園とどう違うの？　どうして足りないのだろう？」
　その疑問、よくわかります。新しくビジネスを立ち上げるときの大原則は、「市場の大きさ×成長性×儲けやすさ」です。どんな市場を選ぶのかは、起業の最初かつ最大の悩みでしょう。
　本書では、学童保育の市場について保育園とどこが違うのか、将来の可能性を含めた分析もしています。ぜひ、ご一読ください。

「学童保育は、本当に儲かるの？」
　確かに、ネットサービスのように、爆発的にビジネスが急拡大することはありません。地道に、着実に、堅実に、1つひとつを積み上げていくのが学童保育ビジネスの成功です。
　そして、成功のためのセオリーはあります。
　最初は、たった2枚の企画書で教室を開こうしていたくらいに、起業については無知だった私は、起業1年目は1,000万円の赤字を出しました。いまでも当時を思い出すと胸が苦しくなります。大苦戦から学び、2校目は7か月で黒字化。4校目を表参道で開校し、現在すべての教室でキャンセル待ちが続いています。たくさん失敗したからこその学びがあります。
　いつ、何を、どのようにしたらいいのか。
　本書は、自分の理想とする教育理念を掲げながら、学童保育ビジネスを継続させるに至る私の体験からの学びを余すことなく、5つのステップとしてまとめました。
　あなたの理想の教育とビジネスを一緒に成功させましょう。

2019年2月　　　　　　　　　　　　　　　　　　　　　　遠藤奈央子

**目次** 「民間学童」のつくり方・運営の仕方

はじめに

## ステップ0 なぜ、いま「学童保育」なのか

1. 学童保育には4つの種類がある ……………………………… 12
2. 意外と大きい民間学童市場と「小1の壁」問題 ……………… 18
3. これからも伸びる学童保育ビジネスの可能性 ………………… 20
4. 学童保育運営は保育園運営とどこが違うのか ………………… 23
5. 手堅く稼げる民間学童のビジネスモデル ……………………… 26
6. 年齢に関係なく活躍できる民間学童の仕事 …………………… 28
7. 学童保育は社会のインフラを担う仕事 ………………………… 30
8. あなたの経験を活かした民間学童をつくる …………………… 31

## ステップ1 理想を形にする「コンセプト設定」

1. 世の中の親が困っていることの解決からスタート …………… 34
2. 「戦わずして勝つ」ブルー・オーシャンの探し方 ……………… 39

③「なぜあなたがやるのか」自分自身を分析する……………45
④ 提供するサービスは自前？　それともフランチャイズ？……49
⑤ サービス提供は全員一律型？　それとも選択型？…………51
⑥「価格設定」で見落としがちなこととは？………………56
⑦ 大手に立ち向かうための「エリア」の選び方……………66
⑧「何をしないか」を最初に決める ………………………71
⑨ 敵を知ることで自分の強みをつくる「競合調査」…………74
⑩ 初めてでもできる「インタビュー調査」……………………78

## ステップ2　起業の一歩を確実にする「事業計画策定」

① 学童保育立ち上げの5つの選択肢……………………84
②「株式会社」設立の最安＆最速の方法………………93
③「お金がない！」をクリアするベストな資金調達方法………96
④「社名・屋号」を決めるときの注意点……………………101
⑤ 実は大きい「ロゴ」の効果……………………………103
⑥ ビジネスの心のよりどころと価値観をつくる……………105
⑦ 起業家の意志を決めるプロセス「5か年経営計画」………107

## ステップ3　後悔しない「教室づくり」

1. 不動産業界についてリサーチ前に知っておこう……… 116
2. オーナーに敬遠される「子ども向けビジネス」……… 123
3. 内覧時に必ず確認すべき10のチェックポイント ……… 126
4. 保証金・契約期間・特約の3つは細部まで確認する ……… 133
5. 最低限知っておくべき「内装工事」のイロハ……… 138
6. 契約が決まったら電話から〜立ち上げ準備の段取り〜…… 142
7. 教室のデザインを決める家具選びの考え方と注意点 ……… 148
8. 入会者を守る入会申込書と規約づくり……… 151
9. 体験イベント・説明会のために必要となる意外なもの…… 154
10. 保育の基本「安全・安心」のために取り組むべきこと ……… 160

## ステップ4　お客様の心をつかむ「プロモーション」

1. 集客は「メディア×コンテンツ×タイミング」……… 166
2. 信頼されるメディア一覧と選定方法……… 169
3. 民間学童に必要な「SEO対策」とは？……… 173
4. SNSのポイントは「無理なく継続的に」……… 178

⑤ 口コミはデザインできる！ 最大の山場「体験イベント」‥‥ 183
⑥ お客様を悩ませない説明の仕方と提示すべきこと ‥‥‥‥ 190

## ステップ5 安定した経営を持続させる「顧客満足運営」

① 収支シミュレーションと経営指標で安定経営を実現 ‥‥‥‥ 194
② 利用者を選ぶ勇気が利用者を守る‥‥‥‥‥‥‥‥‥‥‥‥ 202
③ 子どもと共に学童保育をつくろう‥‥‥‥‥‥‥‥‥‥‥‥ 206
④ 経営を安定させるために継続的にすべきこと ‥‥‥‥‥‥ 209
⑤ 安定経営を支える人材採用と配置‥‥‥‥‥‥‥‥‥‥‥‥ 211

## 巻末 「こどもクリエ塾」の実例集

① 学校をつくろう！ ～何もないところから学ぶ～ ‥‥‥‥ 216
② 不動産契約でトラブルに見舞われないために ‥‥‥‥‥‥ 224
③ 子どもたちがつくるプロジェクト型学習の事例 ‥‥‥‥‥ 232

おわりに

## ▶ グランドオープンまでの流れ

| ステップ① | ステップ② | | ステップ③ |
|---|---|---|---|
| 4月 | 5〜6月 | 7月 | 8月 |
| 基本計画策定 | 法人設立<br>物件リサーチ・内覧 | 不動産契約締結<br>内装工事依頼 | 不動産契約開始<br>内装工事開始 |
| **コンセプト設定**<br>・自己分析<br>・サービスと提供方法<br>・料金設定<br>・エリア候補選定<br>・競合調査<br>・インタビュー調査 | **法人設立**<br>・資金調達<br>・社名と屋号決定<br>・建学の精神策定<br>・5か年計画作成<br>・ロゴ作成 | 〈不動産契約締結後〉<br>・レイアウト作成<br>・内装会社選定<br>・看板会社選定 | **ファシリティ**<br>・電話工事依頼<br>・Googleマップ登録<br>・郵便登録<br>・決済システム会社契約<br>**教室づくり**<br>・家具発注<br>・看板発注<br>・備品発注<br>**安全・安心対策**<br>・入会規約作成<br>・保険検討 |
| 1万2,000円 | 28万円（株式会社の場合） | | 546万1,000円 |

物件情報は6か月前からわかる。基本計画が決まり次第早く探そう！

フリーレントがあればもっと安くなる

▲必要な費用の目安（家賃25万円の場合）

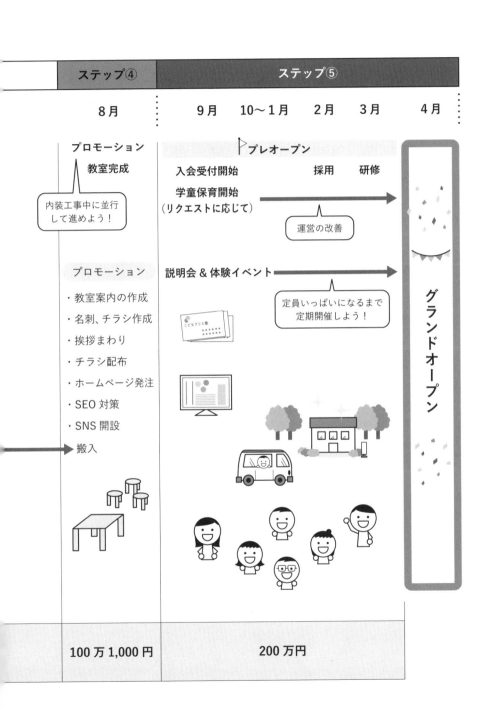

●本書の見方

　本書のステップ①〜④については、より具体的なイメージがつかめるように「開始時期」「必要期間」「費用」を記載してあります。実務を行なう際の参考になれば幸いです。

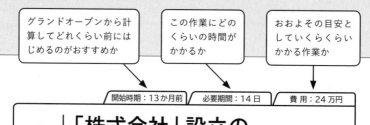

| 2 | 「株式会社」設立の最安&最速の方法 |

■ 株式会社設立は自分で手続きすると高くつく

　ここからは、株式会社設立の方法について説明します。
　最終的に株式会社を選択される方が多いでしょう。NPO法人設立を検討されている方は、『図解　NPO法人の設立と運営のしかた』（宮入賢一郎ほか著、日本実業出版社）などを参考にしてください。

●テンプレートダウンロードについて

　本書37ページに掲載した「基本計画の全体図」のテンプレートは、ダウンロードしていただけます。下記URLの「こどもクリエ塾」のホームページにアクセスのうえ、ご利用ください。

「こどもクリエ塾」ホームページ ➡ https://www.visiongate.co.jp

著者エージェント　アップルシード・エージェンシー
本文デザイン・DTP　初見弘一

# なぜ、いま「学童保育」なのか

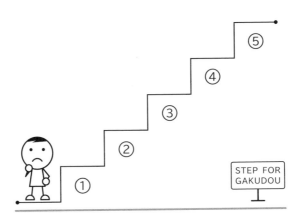

# 1 学童保育には4つの種類がある

■ 学童保育は子どもにとっては「第二の家」

　学童保育施設とはどんな施設でしょうか。全国学童保育連絡協議会提出資料『提言「私たちが求める学童保育の施設・運営基準」2012年9月改訂』によると、学童保育の目的・役割とは、「共働き・一人親家庭等の小学生の放課後（土曜日・春・夏・冬休み等の学校休業中は一日）の安心・安全な生活を継続的に保障する」ことなどとされています。

　つまり、子どもにとって学童は「第二の家」です。

　家庭で営まれているような静養、おやつ、宿題、昼寝、大人との会話、遊びなどが当たり前に行なえる場所が、学童保育施設として定義されています。

■ 学童保育は年間1,633時間を過ごす「生活の場」

　小学校低学年の児童は、学校内で年198日、1,218時間生活しているのに対して、学童保育で過ごす時間は平均すると1,633時間におよぶと見積もられています（全国学童保育連絡協議会・2012年実態調査より）。1,633時間という数字は、下校後から平日の学童保育終了時刻の平均時間である午後6時20分までで計算されています。

　最近では、夕食も民間学童で食べて午後8時過ぎに帰宅する子どもも珍しくはありません。子どもたちが学童保育で過ごす時間はますます増えてきているのです。

■ 学童保育は4つの種類がある

　学童保育は、"設置"が市町村による「公設」か、地域の団体やNPO法人、株式会社による「民設」か、学童保育の"運営"が市町村

による「公営」か、それ以外の「民営」か、さらに「厚生労働省管轄か否か」の４つに分かれます。

[区分①] **公設公営**
　市町村が直営している。主に、児童館や小学校内に設置されていることが多い。

[区分②] **公設民営**
　行政からの委託事業や補助金を受け取り、社会福祉団体、地域運営団体や、父母会・保護者会、ＮＰＯ法人、民間企業が運営をしている。

[区分③] **民設民営（厚生労働省管轄施設）**
　厚生労働省「放課後児童健全育成事業」対象。私立保育園や、社会福祉法人、私立幼稚園等の学校法人等が主に卒園生を対象に小学校１～２年生までの学童保育を実施している。

[区分④] **民設民営（厚生労働省管轄外施設）**
　民間企業が経営しているいわゆる民間学童のこと。

　ポイントは、学童保育を管轄する厚生労働省の「放課後児童健全育成事業」の実施要綱に、「放課後児童健全育成事業と目的を異にするスポーツクラブや塾など、その他公共性に欠ける事業を実施するものについては、本事業の対象とならない」と記されていることです。
　本書でこれから説明する「学習指導」や「習い事」などのサービスを提供する学童保育事業は、厚生労働省の管轄外となります。学童保育の分類は、公設公営、公設民営、（民設）民営の３分類に分けられていることが多いですが、本書ではわかりやすくするために厚生労働省の管轄外の民営をあえて４つ目の区分としています。

## ■ これからの学童保育をリードする民間学童

　区分④の学童とは、どんな学童があるのでしょうか。教育や保育分野での大手上場企業をはじめ、電鉄系やスポーツ系、そして様々なベンチャー企業が切磋琢磨し、成長しながら学童保育全体をリードして

います。では、主な5つの系統を見ていきましょう。

### ①学習系

「学習系」とは、塾を経営している企業が運営している民間学童のことです。学習に特化していて、中学受験を考えている家庭に人気です。

最大手は、教育・スクール事業でフランチャイズ事業を展開している民間会社です。ネイティブによる英語での指導と学校までの車による送迎、というわかりやすいコンセプトが支持されて全国で100店舗以上の民間学童をフランチャイズで展開しています。

ほかにも、東証一部上場会社の小学校受験教室で有名な会社や個別指導塾、中学受験大手会社も民間学童を首都圏で運営しています。

### ②電鉄系

電鉄系とは、電鉄系会社が運営する民間学童のことです。そもそも民間学童をメジャーにしたのは、電鉄系会社でした。東急電鉄が民間学童を運営していたベンチャー企業を買収し、現在は東京と神奈川を中心に30前後の民間学童を直営しています。

また、JR九州では2017年より学童保育プロジェクトが立ち上がり、福岡市内では定員50～60名前後の大規模民間学童保育施設が開設されています。

親会社が保有するアクセスのよい物件を安価で借りることで、利用者が便利な場所で、比較的安い料金でサービスを提供できる強みがあります。

親会社にとっても、子育て施設の充実はグループ全体の"住みやすい街づくり"というコンセプトには必要不可欠となるため、今後も積極的な展開が予想されます。

### ③学校法人系

子どもの数が減り、働く女性は増えている社会背景から、3歳児以降を預かる幼稚園のニーズは減っています。特に、地方では定員割れ

## 学童保育の4つの種類

| 名称 | 区分①<br>公設公営 | 区分②<br>公設民営 | 区分③<br>民設民営 | 区分④<br>民設民営 |
|---|---|---|---|---|
| 管轄 | 厚生労働省 | 厚生労働省 | 内閣府（厚労・文科） | 国の管轄外 |
| 設立母体 | 公設 | 公設 | 民設 | 民設 |
| 運営 | 公営 | 民営 | 民営 | 民営 |
| 運営費 | 全額税金 | 全額税金 | 補助金 | 利用者負担 |
| 運営場所 | 小学校や児童館 | 小学校や児童館 | 幼稚園、子ども園等 | 店舗、塾、スポーツ施設等 |
| 預かり対象 | 両親が働いている小学校1~6年生（自治体によっては3年生まで） | 両親が働いている小学校1~6年生（自治体によっては3年生まで） | 両親が働いている小学校1~6年生（自治体によっては3年生まで） | ・自由設定<br>・保護者が未就労でも利用可 |
| 利用者料金 | 月1万円前後 | 月1万円前後 | 月1万円前後 | 月2万円~ |
| 定員 | 40~70名程度 | 40~70名程度 | 施設による10~80名 | 施設による10~80名 |
| スタッフ1名あたりの子どもの人数 | 20名以内 | 20名以内 | 施設による5~20名 | 施設による5~20名 |
| 子ども1名あたりの面積 | $1.65m^2$以上 | $1.65m^2$以上 | 施設による$2~7m^2$ | 施設による$2~7m^2$ |
| 過ごし方 | 全員一律、施設内で自由遊び | 全員一律、施設内で自由遊び | 全員一律、施設内で自由遊び | 個別対応、英語や実験、運動等 |
| 預かり時間 | 18時（一部19時）まで | 18時（一部19時）まで | 18時（一部19時）まで | 19時~22時まで |
| 学習サポート | 全員一律声掛け<br>勉強しない子のフォローはしない | 全員一律声掛け<br>勉強しない子のフォローはしない | 全員一律声掛け<br>勉強しない子のフォローはしない | 個別対応、きめ細かい |
| 送迎 | 実施なし | 実施なし | 実施なし | 一部あり |
| おやつ | 自治体によって異なる提供（基本料金に含まれる、または別途料金）もしくは各自で持ち込み（規定ありが多い） | 自治体によって異なる提供（基本料金に含まれる、または別途料金）もしくは各自で持ち込み（規定ありが多い） | 提供される（基本料金に含まれているところがほとんど） | 提供される（基本料金に含まれているところがほとんど） |

ステップ⓪　なぜ、いま「学童保育」なのか

の幼稚園もあります。そこで、幼稚園が0～2歳児も預かる認定こども園に移行したり、幼稚園卒園後の小学生を預かる学童保育を実施しています。

利用する保護者や子どもたちにとっては、馴染みのある園に通うことができるので安心感があります。まだまだ数は少ないですが、幼稚園・認定こども園が運営する学童保育は増えてくるでしょう。

④スポーツ系

スポーツ系民間学童保育施設の登場は、新しい動きです。フィットネスクラブやスポーツメーカー、サッカークラブ、各地方のスポーツ教室などが、「学童保育×スポーツ」をキーワードに参入しています。知育と運動、両方の力を伸ばせるというのが人気の理由のようです。

⑤独立・ベンチャー系

施設数でいえば、この独立・ベンチャー系が民間学童の中で最も多いです。様々な志や想いをもった人が個人事業主として、または株式会社を設立して参入しています。経営者兼学童指導者として1施設のみを運営している人もいれば、組織として複数の施設を運営している人もいます。

10人以内の小規模だったり、食事やおやつにこだわりがあったり、教育に特化したりと様々な特徴があります。

民間学童は地域に根づいたサービスを展開するので、狭い地域で展開していかない限りはスケールメリットが出にくいビジネスモデルです（施設数が増えて知名度が上がれば採用がしやすくなったり、児童の予約管理や経理業務を独自にシステム開発できる、などのメリットもあります）。

これは逆にいえば、地域のニーズに根づいたエッジのあるサービス展開をすることで、個人や小さな会社であっても、その地域でビジネスとして成功する可能性があるのです。

## 「区分④」の民間学童の特徴

| | 運営会社 | 特徴 | 定員（目安） |
|---|---|---|---|
| 学習系 | ・学習塾<br>・進学塾 | 学習サポートに特化している。中学受験を考えている家庭に人気。フランチャイズで事業を展開している企業も多い。 | 20〜50名 |
| 電鉄系 | ・鉄道会社 | 駅の近くの好立地にあり、大人数を収容できる大規模型の施設が多い。比較的料金が安い。 | 50〜60名 |
| 学校法人系 | ・幼稚園<br>・認定こども園 | 主に卒園児を預かっている。慣れ親しんだ園に通うことができるため、子どもにとっても保護者にとっても安心感がある。 | 15〜40名 |
| スポーツ系 | ・フィットネスクラブ<br>・スポーツクラブ<br>・スポーツメーカー | 水泳やダンスなどの運動プログラムとそろばんや英語などの学習プログラムの両方を受けることができるのが特徴。 | 25〜30名 |
| 独立・ベンチャー系 | ・さまざまな会社<br>・個人事業主 | 経営者によって、提供するサービスが異なる。その施設独自のこだわりを持っている場合が多い。 | 10〜40名 |

　また、「学童保育×○○」をキーワードに、様々な業界から参入があるということは、それだけ学童業界はビジネスとしてポテンシャルが高いといえるでしょう。

# 2 意外と大きい民間学童市場と「小1の壁」問題

## ■ 求められる学童保育施設

　学童保育施設の数は2017年5月時点で2万4,573か所、登録児童数は117万人を超えて過去最高となりました。学童保育の待機児童は1万7,000人と年々増加傾向にあります。文部科学省発表の『新・放課後子ども総合プラン』に掲げる目標には、「放課後児童クラブについて、2021年度末までに約25万人分を整備し、待機児童解消を目指し、その後も女性就業率の上昇を踏まえ2023年度末までに計約30万人分の受け皿を整備」と書かれています。

## ■「小1の壁」における2つの問題

　働く女性の悩みとして「小1の壁」が挙げられます。「小1の壁」とは、子どもが小学校に上がり、仕事と子育ての両立が難しくなる問題のことです。この問題は、大きく2つに分けられます。

### 問題❶ 学童保育に入れない

　地方ではそもそも公設学童がない、都心部では施設はあっても空きがないという問題があります。また、せっかく入れたとしても、公設学童の閉所時間は18時と保育園より短い場合が多く、働き方の見直しを迫られるケースが多いのです。また、終日の預かりが必要となる夏休みには、毎日お弁当を持参する必要がある場合が多く、保護者の負担は大きくなっています。「子どもが保育園児のときはフルタイムで働けたけれど、小学生になってからは時短勤務に変更した」「転職など働き方を変えざるを得なかった」といった悲鳴が保護者から上がってきています。そのため、延長保育や食事の提供などのサービスを行なっている民間学童は需要が高いといえます。

## 放課後児童クラブ数等の推移

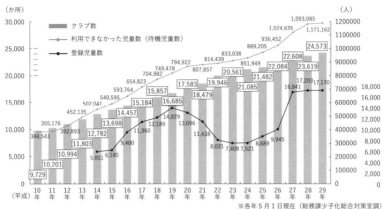

※各年5月1日現在（総務課少子化総合対策室調）
厚生労働省「平成29年（2017年）放課後児童健全育成事業（放課後児童クラブ）の実施状況」より

### 問題❷ 小学生だからこその「勉強」の問題

　働く保護者たちは学童保育に対して、保育園とは異なり単に預かってもらうだけではなく、学習面でのサポートを求めています。

　子どもの学習習慣が身についていないうちは、大人が学習指導や、宿題をしているかの確認、宿題内容のフォローなどをしていくことが大切だからです。

　例えばフルタイムで働き、18時に学童保育にお迎えに行き、自宅に帰って夕食をつくって食べさせ、お風呂に入れて、翌朝のために20時半には寝かせるというタイトなスケジュールの中から、さらに宿題のフォローをする時間を捻出するのは、かなり難しいといわざるを得ません。

　また、公設学童では、宿題をするように声かけをするものの、子どもの学習面を細かくフォローしていません。

　そこで、子どもが長時間の学童保育の時間を有意義に過ごしてほしいと願う親のニーズを受けて、学習支援サービスや、子どもの知的好奇心を満たす取り組みなどを提供する民間学童が拡大してきているのです。

# 3 これからも伸びる学童保育ビジネスの可能性

## ■ 東京は子どもの数が増え続けている

　日本は少子高齢化社会に突入しています。子どもの人口推移を見ると、下表のように減少傾向にあります。
　しかし、東京の子どもの人口推移は、増加傾向にあります。
　つまり、東京都に関していえば、人口動態で考えると学童保育ビジネスは追い風なのです。

●子どもの人口推移

| エリア | 年齢 | 平成17年 | 平成28年 |
|---|---|---|---|
| 全国 | 0～4歳 | 557.8万人 | 496.3万人 |
| | 5～9歳 | 592.8万人 | 530.3万人 |
| 東京都 | 0～4歳 | 47万6,692人 | 56万1,555人 |
| | 5～9歳 | 48万1,382人 | 53万4,703人 |

総務省統計局「日本の統計2018」、東京都福祉保健局「人口動態統計　平成28年」より

## ■ 地方に広がる学童保育施設不足の深刻な問題

　働く親の増加を受けて、地方でも深刻な学童保育施設不足の問題を抱えています。学童保育を利用できなかった待機児童の発生は、首都圏だけの問題ではありません。静岡県では千葉県に次ぐ、1,029人の児童が、愛知県では926人、兵庫県897人、沖縄県848人が学童保育を利用できていないのです。
　一方で、市町村の懐事情は、介護保険料や後期高齢者医療費などの民生費がどんどん増えており、なかなか新たな公設学童の設置・運営にまで予算が回っていない厳しい状況です。
　だからこそ、民間の力、民間学童が求められているのです。

## 学童を利用できなかった児童（待機児童）マップ

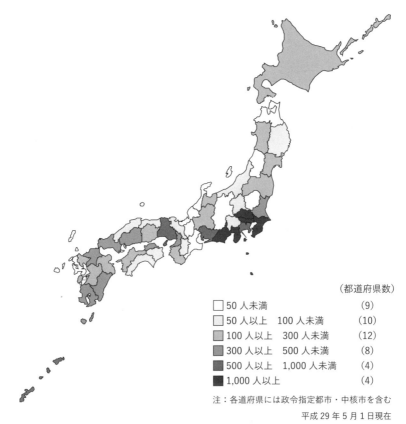

（都道府県数）
- □ 50人未満　　　　　　　　　　（9）
- □ 50人以上　100人未満　　　　（10）
- ■ 100人以上　300人未満　　　　（12）
- ■ 300人以上　500人未満　　　　（8）
- ■ 500人以上　1,000人未満　　　（4）
- ■ 1,000人以上　　　　　　　　 （4）

注：各道府県には政令指定都市・中核市を含む
平成29年5月1日現在

厚生労働省「平成29年（2017年）放課後児童健全育成事業（放課後児童クラブ）の実施状況」より

■家庭における教育費の増加

　学童保育ビジネスを単なる子どもの預かりではなく、「学童保育＝子どもの放課後の時間を有意義に過ごすためのサービス」と考えると、そのビジネスの可能性は2倍、3倍に広がります。

　実際、少子化の影響に伴って、子ども1人にかける教育費は増加傾

向にあります。さらにいままでの5教科だけの勉強とは異なり、英語やプログラミング、音楽、スポーツなどの教育が求められています。

例えば、教育改革によって小学校3年生から英語の教科化（2020年度より完全実施）が進められていますし、大学入試制度改革（2020年度より「大学入学共通テスト」へ移行）では英語の4技能試験（読む、聞く、書く、話す）の実施が予定されています。このようなことを背景に、保護者の早期英語教育熱はより高まっています。

こうした教育やサービスを子どもたちの放課後の時間に学童保育と組み合わせて提供することができれば、ビジネスチャンスは一層広がるはずです。

### ■教育資金の一括贈与に係る非課税制度

平成25年4月1日から「教育資金の一括贈与に係る非課税制度」がスタートし、申込みが殺到して話題となりました。

この特例は、「30歳未満の子または孫に対して、教育資金として1,500万円まで贈与しても非課税でいいですよ」という制度です。教育資金とは、学校に支払う授業料、入学金だけではなく、塾やスイミングスクール、そして学童保育料も含まれます（ただし、学校等への支払いは500万円まで）。通常、年間110万円を超える贈与には贈与税がかかりますので、それに比べると非常にお得な制度です。

この制度のポイントは、贈与された子や孫が30歳になるまでに教育資金として使い切れば、贈与税はかからない、という点です。つまり、「教育資金の一括贈与に係る非課税制度」を利用する方は、30歳までに1,500万円を使い切らなくてはいけません。大学資金まで残していても、様々な理由で不要になる可能性も考えると、まずは子どもが小さいうちに贈与税を受けた1,500万円を使いはじめ、本来使うはずだった教育費は家庭内で貯金に回すという可能性が高いです。このことからも、贈与された1,500万円が学童保育含めて、子どもに対する早期投資に繋がると期待できます。

＊ただし、改正が予定されていますのでご注意ください。

# 4 | 学童保育運営は保育園運営とどこが違うのか

## ■ 保育園は補助金ビジネス。高くそびえる認可の壁

　ここまで読まれて、「学童保育が不足していることは理解できたけれど、保育園も不足しているのだから、保育園運営でもいいのではないだろうか？」「そもそも、保育園運営とはどこが違うのだろうか？」と疑問に思ったかもしれません。そこで、保育園運営との違いを見ていきましょう。

　保育園には、「認可保育園」と「認可外保育園」と呼ばれる2種類の保育園があります。

　「認可保育園（認可保育所）」は、国が定めた認可基準（施設の広さ、保育士等の職員数、給食設備など）をクリアし、都道府県知事（政令指定都市市長、中核市市長を含む）に認可された施設です。国からの補助金で運営されています。

　保育園不足が叫ばれている中、保育園が開設されない理由は、「物件不足」「保育士不足」です。特に都市部では、園庭をつくることが認可保育園開設の基準となるなど設備面での制約が厳しく、認可保育園をつくれる物件や場所が不足しているのです。

　一方で、設備が整っていない、広さが確保できない、保育士の人数が足りないなど、児童福祉法に基づく国の認可を受けていない保育園が「認可外保育園」と呼ばれています。

　東京都では国の認可基準を緩めた「認証保育園」という制度を設けています。認証保育園になると、東京都から補助金が受けられます。また、横浜市の「横浜保育室」、仙台市の「せんだい保育室」など、ほかの自治体にも同様の制度があります。

　しかし、認証保育園も認可外保育園に入ります。認証保育園の中には、園独自の教育方針を貫くために、あえて認可外のままでいる保育

園もありますが、利用児童数を見ると、認可保育園253万119人、認可外保育園等15万1,656人と、認可保育園に通う子どもが圧倒的に多いことがわかります（厚生労働省「平成28年度認可外保育施設の現況取りまとめ（平成30年7月19日）」より）。

■民間学童に開業基準や条件はない

　民間学童は、「放課後児童健全育成事業と目的を異にするスポーツクラブや塾など、その他公共性に欠ける事業を実施するものについては、本事業の対象とならない」（厚生労働省『「放課後児童健全育成事業等」の実施について』より）とされているため、厚生労働省管轄外となります。

　民間学童の設立には認可が必要とされていないため、例えば「認可学童」と「認可外学童」のような分類も呼称もありません。

　むしろ、公設公営学童や公設民営学童に対して、民間学童はニーズにあったサービス提供や運営を行なっているため、保護者たちから好意的に受け止められています。民間学童では教育サービスを保護者が自由に選択できたり、遅くまで働く親に代わって自宅まで子どもを送り届けるなど、多様なニーズに対して多様なサービスで応えることができるのです。

■公設民営「放課後児童クラブ」の設置基準

　公設民営では、自治体が独自の基準で運営会社の選定を行なっています。近年、放課後児童健全育成事業（以下、「放課後児童クラブ」）を行なう設置基準が議論されています。

　行政からの委託事業や補助金を受け取り公設民営の学童保育を目指す場合は確認してください。また、独自路線で民間学童保育開設を目指す方にとって、公設学童はベンチマークの1つです。独自の優位性をどのポイントで構築するか参考にしてください。

## 放課後児童クラブ設置基準

| 主な基準 | 類型 | 内容 |
|---|---|---|
| 支援の目的 | 参酌すべき基準 | 支援は、留守家庭児童につき、家庭、地域等との連携の下、発達段階に応じた主体的な遊びや生活が可能となるよう、児童の自主性、社会性及び創造性の向上、基本的な生活習慣の確立等を図り、もって当該児童の健全な育成を図ることを目的として行わなければならない |
| 設備 | 参酌すべき基準 | ・専用区画（遊び・生活の場としての機能、静養するための機能を備えた部屋又はスペース）等を設置<br>・専用区画の面積は、児童1人につきおおむね1.65㎡以上 |
| 職員 | 従うべき基準 | 放課後児童支援員（※1）を、支援の単位ごとに2人以上配置（うち1人を除き、補助員の代替可）<br>※1 保育士、社会福祉士等（「児童の遊びを指導する者」の資格を基本）であって、都道府県知事が行う研修を修了した者（※2）<br>※2 平成32年3月31日までの間は、都道府県知事が行う研修を修了した者に、修了することを予定している者を含む |
| 児童の集団の規模 | 参酌すべき基準 | 一の支援の単位を構成する児童の数（集団の規模）は、おおむね40人以下 |
| 開所時間 | 参酌すべき基準 | ・土、日、長期休業期間等（小学校の授業の休業日）<br>　→原則1日につき8時間以上<br>・平日（小学校の授業の休業日以外の日）<br>　→原則1日につき3時間以上<br>※その地方における保護者の労働時間、授業の終了時刻等を考慮して事業を行う者が定める |
| 開所日数 | 参酌すべき基準 | 原則1年につき250日以上<br>※その地方における保護者の就労日数、授業の休業日等を考慮して、事業を行う者が定める |
| その他 | 参酌すべき基準 | 非常災害対策、児童を平等に取り扱う原則、虐待等の禁止、衛生管理等、運営規程、帳簿の整備、秘密保持等、苦情への対応、保護者との連絡、関係機関との連携、事故発生時の対応　など |

厚生労働省「放課後児童クラブの基準について」より

## 5 手堅く稼げる民間学童のビジネスモデル

■ なぜいま「学童保育なのか？」を起業目線で考える

　ここまでは、学童保育の制度とマーケットサイドから民間学童を紹介してきました。ここからは、「起業」という視点で、なぜいま「民間学童」なのかを、3つの特徴から説明していきます。

### 特徴❶ スケジュールが明確にわかるビジネスである

　起業1年目の最大の課題は、「いつ黒字化できるのか？」です。

　民間学童は、起業7か月で単月黒字達成のストーリーとスケジュールが明確にわかるビジネスです。なぜなら、その地域の保育園での5歳児の子どもの数＝次年度4月からの学童保育の需要だからです。

　地域の公設学童を利用する方が多いでしょうが、一方で、預ける時間が短い、勉強に対する個別フォローがない、ほかの習い事もさせたい等の様々な理由で民間学童への需要は高まる一方です。

　そこで、4月の新1年生入会をゴールに設定し、そこから逆算してスケジュールとタスクを計画します。地域の公設学童の申込みはその地域によって異なりますが、前年10月〜1月に行なわれることが一般的です。これよりも早く、まずは保護者に認知してもらう必要があります。そこで、9月に起業して、事業をスタートさせて翌年4月に単月黒字化が、民間学童ビジネスでのテッパンスケジュールです。

### 特徴❷ 入会者は平均3年間継続利用してくれる

　小学校は早ければ午後1時過ぎには終わるので、親が働いている子どもの大半は放課後を学童保育で過ごします。宿題をして、おやつを食べ、遊び、お迎えが遅ければ夕飯も食べ、ときにはそこから別の習い事にも行く。子どもたちにとっては「第二の家」です。ですから、

新1年生が4月に入会すると、よほど居心地が悪くない限りは学童を変えたりはしません。どんなに短くても丸1年間、平均すると3年間は継続して同じ学童に通います。

つまり、民間学童は安定的な売上を長期にわたって期待できるビジネスなのです。

### 特徴❸ 広告費は売上のわずか1％台

塾や子どもの英会話スクールの「広告費は、売り上げの15〜20％程度を目安にするといいでしょう」といわれています（『スクール＆教室開業・経営バイブル』佐藤仁著、技術評論社）。

一方、弊社の場合は売上に対する広告費が1％台です。例えば1日の定員が25名で年間売上が3,000万円ある民間学童の場合は、1年間の広告費は売上の1.5％だとすると45万円です。内容としては、保護者が学童保育を探しはじめる前（9月頃）に、新聞折込チラシや地域コミュニティ誌に1回広告を出稿して、Googleのリスティング広告を実施する程度です。

民間学童は、その地域で働く保護者の需要があるビジネスですので、地域で認知されたら普段はほとんど何もしなくてもお問い合わせがあります。開校2年目以降は、ほぼ口コミだけで広がるビジネスなのです。

民間学童のビジネスモデルの3つの特徴をさらりと説明しましたが、もしあなたがほかのビジネスをご自身で経営されているのであれば、需要が高く秀逸なビジネスあることが実感できるはずです。実際、学習塾や習い事事業に苦戦し、民間学童へと転換したところ成功したという施設も多くあります。

さらに、日本はこれから「人口減＝労働力不足」に対し、本格的に取り組まなくていけません。いままで以上に働く女性が増え、女性たちがより活躍できるための環境づくりの一環として、民間学童は期待されているビジネスなのです。

# 6 年齢に関係なく活躍できる民間学童の仕事

## ■ 民間学童の運営を支える多様な人材・多様な職種

　民間学童では、様々なサービスを多様なスタッフにより提供しています。次ページ図の「学校が通常時の民間学童の1日のスケジュール」に沿って説明していきましょう。

　民間学童の仕事は、大きく分けると次の5つになります。

①教室運営（責任者）
②送迎（送迎専任スタッフ・ドライバー）
③宿題、遊び、身支度のフォロー（学童保育スタッフ）
④習い事（専門講師）
⑤食事（食育スタッフ）

　5つの仕事を分業して進めることで、フルタイム勤務のスタッフを何人も雇用する必要がなくなります。

　習い事は専門講師と外注契約することが可能です。送迎や食育スタッフは、シニアの人材をパートタイマーとして活用することもできます。最近のシニアの方は驚くほど元気です。70代後半でも現場で働いている方が多くいます。

　最も忙しく手薄となるピークタイム時は、業務の細分化とスタッフ教育をすることで、送迎や食育のスタッフにサポートしてもらって運営することもできます。

　民間学童の仕事に応募する方は、何らかの形で子どもと触れ合う仕事がしたい場合が多いので、送迎や食事のときだけではなく、子どもと過ごす時間が増え、一緒に学び合え、かつ正当な報酬がもらえることで、双方ハッピーな仕事だといえるでしょう。

# 学校が通常時の民間学童の1日のスケジュール

|  |  |  |
|---|---|---|
| 13:30 | 下校 | |
| | 小学校までのお迎え | （送迎スタッフ・ドライバー） |
| | 入室 | 受付・保護者からの連絡確認（学童保育スタッフ） |
| | 着替え | 身支度のフォロー |
| | 宿題 | 学習のサポート |
| | 遊び | 遊びのサポート・見守り |
| 15:00 | おやつ | おやつの配膳・後片づけ（食育スタッフ） |
| | 習い事 | （専門講師） |
| 18:30 | 夕食 | （食育スタッフ） |
| | 送り届け | 事前に子どもの様子を記述・引継ぎ（責任者） |
| | | 自宅までの送り届け（送迎スタッフ・ドライバー） |

　余談ですが、ボランティアとして無償の仕事に従事しているシニアの方も多くいます。余暇の時間に使命感がもて、やりがいのある活動に従事することはよいことですが、報酬を払い、シニアが活躍できる雇用をつくることも民間学童の存在意義の1つではないでしょうか。

# 7 学童保育は社会のインフラを担う仕事

## ■ 学童保育は社会のインフラ

　働く女性が増えている現代社会では、学童保育は小学生の子どもたちの放課後時間を過ごすインフラとなっています。もし、子どもが学童保育に入れなかったとしたら、多くの保護者は働き方を変えたり、仕事を辞めざるを得ません。いまはバブル以来の人手不足で、深刻さを増しています。

　また、保護者の就労を問わずに利用できる民間学童は、両親の介護など様々な事情で子どもを預けなくてはいけない人にとっても、ありがたい存在です。

　つまり、学童保育の不足が、社会の人手不足に直結し、日本経済・社会への打撃となります。まさに、学童保育は日本経済・社会を支えるインフラだといえるでしょう。

## ■ 小学校は驚くほど突然の休校が多い

　最近の異常気象は、働く親にも大きな影響を与えています。電車で通う子どもがいる私立小学校や国立小学校では、朝の時点で警報が発令されていれば自動的に休校となる独自のルールを設けています。

　大雨による休校、台風による休校、大雪による休校。

　ほかにも、インフルエンザでの学級閉鎖、漏電による火災のため長期学校閉鎖などなど。

　しかし、大雨になったからといって、保護者は仕事をキャンセルできません。こうした突然の休校時に朝から開校する民間学童は、働く親にとっては欠かせない存在となっているのです。

# 8 │ あなたの経験を活かした民間学童をつくる

## ■ 学童保育ビジネスと塾ビジネスとの違い

　前述した通り、学童保育で過ごす時間は平均すると年間1,633時間におよぶと見積もられています。たくさんの時間を多くの子どもたちが共有することで、子ども同士で学び、成長していけるコミュニティをつくることができます。

　学習塾や習い事教室は、カリキュラム1コマ単位で子どもたちが入れ替わる運営法なのに対して、学童保育は家族よりも長い時間を子どもたちが集まった状態で過ごします。一緒におやつを食べ、遊び、読書をしたり、ゆっくりおしゃべりしたり、創作活動をしたり、ときには遠足に出かけたり。

　いかに子どもたちの時間をデザインするのか、子どもたちのコミュニティをつくるのかで、「学童保育としての在り方＝差別化」が決まるのです。

## ■ これまでのあなたの人生が民間学童の優位性をつくる

　インターネットで「民間学童」と検索をすれば、大手電鉄系や大手進学塾、大手教育フランチャイズチェーンのホームページがすぐにヒットすることでしょう。彼らは、すでにマーケティングに有利な不動産や既存顧客、ノウハウを有しています。しかし、ひるむことはありません。

　大切なことは、あなたが決めた地域で、大企業がやりたくても真似できない学童保育サービスを展開し、その地域のオンリーワンを目指すことです。しかも、その模倣困難な優位性は、すでにこれまでの人生であなたが手にしているのです。

　例えば、これまでに進学塾の講師をしていた方が独立して開校する

## 自分の経験を優位性にする

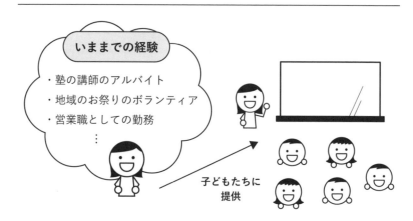

のであれば、進学に特化した民間学童をつくることができます。

　営業職のキャリアが長い方であれば、そのネットワークと営業力を生かし、外部団体や講師と連携したワークショップ型学童保育施設を展開するのもよいでしょう。言うのは簡単ですが、形にしてやり続けるのは、それまでの経験がなければとても難しいはずです。

　技術系やIT系職種出身の方であれば、小学校低学年向けには論理的思考力を、中学年・高学年向けには本格的なプログラミングが学べる民間学童を立ち上げれば、子どもは目標をもって長く通うことができます。

　子育てが落ち着いた主婦の方であれば、母親目線でおやつと食事にこだわり、毎日のおやつを子どもたちと一緒に手づくりするというのも優位性になります。手づくりおやつを毎日提供し続けるといった手間のかかることは大手民間学童では難しいでしょう。

　このように、これまでのあなたの人生を振り返り、大企業がやりたくても真似できない優位性を毎日続けられるサービスとして提供できることが、民間学童ビジネスの魅力の1つです。

# 理想を形にする
# 「コンセプト設定」

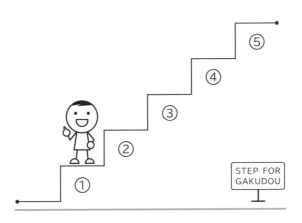

開始時期：13か月前　必要期間：1日　費用：なし

# 1 世の中の親が困っていることの解決からスタート

■ **基本計画の全体像と最低限押さえるべきサービス**

　ステップ①では、あなたの民間学童のサービスを決めるために検討すべき要素を説明していきます。この章の内容を行なえば、基本計画の全体像（プロモーション計画除く）が完成します。

　なお、最低限の民間学童のサービスは以下の通りです。

- 1名あたりの専用面積1.65㎡以上
- スタッフ1名あたりの子どもの人数20名以下
- 災害時への備え
- おやつの提供
- 宿題フォロー
- （希望者への）夕食提供
- （オプション含めて）送迎

　広さやスタッフ1名あたりの預かる子どもの人数、災害時への備えは厚生労働省が設定している「放課後児童クラブ運営指針」より抜粋しました。ほかは、私自身が3,000人以上の保護者と会い、お話しして感じている民間学童保育に求められていることです。

　逆にいえば、これだけを実施していたら、あとはすべて選択自由です。ポイントを押さえたら、あなたの理想に向かって考えていきましょう。

■ **理想にお金を払わない**

　最初にとても大切なことからお伝えします。人は理想にお金を払いません。正しくいうと、理想にお金を払うことができるのは、余剰金

のある人です。日々の生活費から払う人はいません。

　もし、あなたが「こんな学童保育あったらいいよな」という理想を描くところからビジネスプランをスタートさせようとしていたら、いま一度、立ち止まってください。学童保育に通うための費用は、一部の方はその子の祖父母からの贈与資金かもしれませんが、多くの方は親の給与、つまり生活費から支払われています。

　「こんな学童ができたら通わせたい」という、あなたのビジネスプランを見て賞賛する声は、決して嘘ではありません。ただし、実際に学童保育を開校したときに、賞賛してくれた全員が本当に通ってくれるわけではありません。

　人は、理想にお金を払う前に、目の前で本当に困っていることや強い欲求にまずお金を払うということを忘れてはいけません。

### ■ ビジネスの基本は顕在化する悩みや強い欲求の解決

　現在、英語を学べる民間学童が成功しています。これはなぜだと思いますか。

　理由は、働く親の多くが、英語で苦労した強烈な経験をもっているからです。英語ができなかったがために海外ビジネスのチャンスを逃してしまった。海外からのお客様との英語会議で話についていくことができず、発言も全くできなかった。会社が最近英語力を昇進・能力評価の指標に加えてきた。働いている限り、様々な場面で英語力を求められる機会が増えてきています。

　英語をなんとかしたい。どうしてもっと早くから英語を勉強してこなかったのだろうか。そんな働く親の危機感と悩みが、子どもには早いうちに英語に触れさせてあげたい、と英語に特化した民間学童へ向かわせているのです。

　英語が学べる民間学童は、保護者の「自分の英語をなんとかしたい！」という顕在化した悩みと同時に、自分の子どもには同じように英語で苦労させたくはない、という強い欲求を掴んでいるのです。

　民間学童に通わせたい親がもつ具体的な悩みは、ほかにどんなもの

ステップ① 理想を形にする「コンセプト設定」

があるでしょうか。そこにビジネスチャンスがあるかもしれません。

## ■「小4の壁」問題を解決できる民間学童

「小4の壁」問題とは、大きく2つの問題のことを指します。

1つ目の問題は、公設学童の一部では、小学校4年生になると学童を出なくてはいけないことです。ただ、4年生にもなると、多くの子が自分で自宅に帰り、そこから塾や習い事に一人で行けるようになりますので、さほど大きな問題ではありません。

大きな問題となるのが、2つめの問題です。それは、中学受験のための勉強をはじめなければならないという問題です。

主に都市部では、小学校4年生から中学受験勉強が本格的にはじまります。正しくいうと、大手進学塾では、中学受験に向けた新年度のクラスを、小学校3年生の1月からスタートさせています。ちなみに、大手進学塾はここ9年の間で、3か月ほど受験勉強の開始時期を前倒ししていますので、今後さらに早まるかもしれません。

いまの中学受験で問われる知識は、小学校の勉強の延長線上で身につくものではありません。学校の勉強を頑張っていたら、なんとかなる世界ではないのです。

大人でも解けないような難易度の問題を、自分一人で大量にこなすことができる子どもはなかなかいません。中学受験をする家庭の多くが、親も一緒になって丸3年間、休みなく取り組んでいくのが最近の実態です。

大手進学塾が小学校1年生から「学童保育＋塾」の施設を展開しているのも、「小4の壁」に対する親の悩みをくみ取った結果といえるでしょう。

また、1日の定員を30名以下にした中小規模の民間学童の多くが、きめ細かい学習面でのサポートをウリの1つにしています。

## ■ターゲットと提供する学童保育サービスを再定義する

では、あなたの学童保育ビジネスを改めて考えてみましょう。次の

## 基本計画の全体図（サンプル）

### ターゲットの定義
- ターゲット像
  - XXエリアに住む共働き世帯
  - フルタイムで、管理職相当以上、もしくは専門職として働いている
  - 世帯収入1,500万以上
- ターゲット市場
  - 学童×プロジェクト型学習
- ターゲットの悩み・欲求
  - 自分で考えて、行動できる子になってほしい
  - 低学年のうちは、学習塾ではなく、楽しみながらも、何かためになる時間を過ごしてほしい
- ターゲットの潜在課題・欲求
  - とにかく忙しくて、子どもの成長を見られていない漠然とした不安

### あなたの分析
- 学童をはじめる意義
  - 学びの楽しさを、子どものときにこそ経験させたい
  - 忙しい両親のサポートをしたい
- 目指すべきこと
  - 自分が信じたことを実現できる子どもを育てる
  - グローバルに活躍する子どもを育てる
  - そのために、会社もグローバルに展開する
- 自分の強み
  - グローバル企業・案件の勤務経験
  - 多様な人たちへのファシリテーション技術
  - 全く知らない領域で3か月で結果を出す経験

### 競合他社・類似企業
- 民間学童保育
  - 半径2km以内に該当なし
- 公設学童
  - 徒歩5分の児童館内
  - 18時半までの預かり、夕食なし
- 子どもの習い事・塾
  - 学習塾・進学塾が多数あるが預かりは実施していない

### 地域動向・規制
- 地域動向
  - 0～5歳児人口は、年齢が下がるごとに増加しているため、将来的にも6歳児人口の増加が見込まれる（大型ファミリーマンション完成が3～4年前に相次いでいるため）

ステップ① 理想を形にする「コンセプト設定」

### あなたの学童保育のサービス
- 建学の精神
  - （概略）学びの楽しさ、自分で考えて行動する、働く両親をサポートする
- サービス
  - プログラム　全員参加型のプロジェクト型学習
  - 送迎　有料にて学校、習い事、自宅すべてについて実施
- 価格　週5日60,000円（週1～5日まで設定）　●定員　1日24名　●広さ　100㎡前後
- 立地　XXXエリア。最寄り駅徒歩5分圏内、近隣公立小学校より徒歩7分圏内
- ウリ（一言でいうと）
  - 全員参加型プログラムで、子どもたちが学びあうコミュニティ
  - 夕食・延長や、有事を含めて当日可能な柔軟な対応

### プロモーション計画〈ステップ3〉
- 時期　　　　説明会・体験イベントの2週間前、複数回実施
- 媒体　　　　Google広告、地域の情報誌、新聞折込チラシ
- コンテンツ　学童開設告知→イベント告知→差別化
- 体験イベント　プロジェクト型学習ワークショップ

3つの質問に答えてみてください。

> ①あなたの理想とする学童保育に共感・賛同してくれる方は、いま現在どんな悩みや課題をもっているでしょうか？
> ②あなたが提供するサービスによって、その悩みや課題を解決できますか？
> ③その悩みや課題の解決には、お金を払うだけの価値があると思いますか？

　この3つのポイントがクリアになっていたら、次のステップへと進みましょう。
　もしうまく答えられなければ、本書を読み進めていただき、またここに戻って考えていただいてもかまいません。
　37ページに基本計画をまとめた全体図の例を掲載しました。こちらを参考に、あなたの計画をブラッシュアップしていきましょう。

| 開始時期：13か月前 | 必要期間：1日 | 費用：なし |

# 2 「戦わずして勝つ」ブルー・オーシャンの探し方

## ■「ブルー・オーシャン戦略」は民間学童でも有効

　欧州経営大学院（INSEAD）の教授W・チャン・キム氏とレネ・モボルニュ氏が著した経営戦略論は、日本では2005年に刊行されて話題となりました（『ブルー・オーシャン戦略』W・チャン・キム／レネ・モボルニュ著、有賀裕子訳、武田ランダムハウスジャパン）。

　その中では、競争の激しい既存市場「レッド・オーシャン（赤い海、血で血を洗う競争の激しい領域）」に対して、競争のない未開拓市場を「ブルー・オーシャン（青い海、競合相手のいない領域）」としています。

　ビジネスは、自分の業界における一般的な機能のうち、何かを「減らす」「取り除く」、そのうえで特定の機能を「増やす」「付け加える」ことにより、企業と顧客の両方に対する価値を上げる必要がある、と説いています。これをブルー・オーシャン戦略といい、資金的にも人材リソース的にも体力がない企業であれば、なおさらこの戦略が必要になるでしょう。

## ■ ブルー・オーシャンを見つける「ポジショニングマップ」

　ブルー・オーシャンの見つけ方は、実にシンプルです。

- お客様はいるけど、サービスがない
- （サービスはあるが）お客様のニーズに合っていない

　このいずれかを満たす市場を探していくのです。
　一般的には「ポジショニングマップ」と呼ばれるフレームワークを使って、自社と競合との違いを分析していきます。

ステップ① 理想を形にする「コンセプト設定」

ポジショニングマップとは、2つの軸を使って、自社サービスと競合他社サービスの位置づけを視覚化するマーケティングツールです。消費者の視点から客観的に商品やサービスを見ることで、自社の現状や競合が少ないポジションを見つけることに役立ちます。

　ポジショニングの目的は、コンセプトやニーズを絞り、自社が優位（独自）になるカテゴリーをつくることです。どの軸を選定するのかによって新しいポジションが生まれますので、軸選びは重要なポイントになります。目的を意識して、軸を選びましょう。

　例えば、あなたが学童保育の開校を検討しているある地域で、現在6歳の子どもがいる働く保護者目線で、「子どもの放課後の預け先」についてポジショニングマップを使って考えます。

　まずは、「保護者が子どもの放課後の過ごし方を決定する要素」を横軸に選びます。例えば、ピアノやスポーツなどの習い事や、中学受験に備えた勉強など「教育重視」か、または子どもが自由に過ごせる「生活重視」かで分けて考えます。また、「価格」は検討するうえで重要な要素ですので、縦軸に設定します。

　次ページ上図を見ると、その地域には、学習塾、進学塾、習い事教室、スポーツ教室は様々な価格帯でたくさんありますが、子どもが過ごせる生活を重視した場所は、公設学童・児童館または自宅しかないことがわかりました。

　そこで、次ページ下図では、放課後の預り先として生活面を重視して「子どもの預け先を選択する際に重視する要素」を、この公設民営学童との差別化を意識して検討していきます。

　例えば、この公設学童について詳しく調べてみると、小学校内に併設されているため、体育館やグラウンドなどを利用でき、それが好評であることがわかりました。一方で、おやつは事前に届出をした希望者にのみ提供され、かつ夕食などの食事提供はなし。また、途中で学童を抜けて、近隣の習い事に行けないなど「家庭のような環境」がないとわかった場合、横軸は、「設備環境重視」と「家庭のような環境重視」に設定することができます。

## 「子どもの放課後の過ごし方」のポジショニングマップ

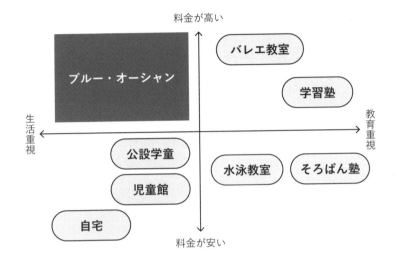

## 「子どもの預け先」のポジショニングマップ

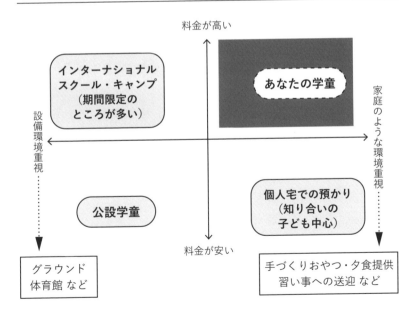

さらに、公設学童の特徴は、何といっても価格の安さです。全員一律のサービス提供を市町村の税金によって運営しているため、価格は月額1万円未満に設定されています。あなたがこれから検討する学童保育は、この公設学童の価格差を納得してもらうだけのサービスが提供できるかが重要となります。

しかし、先ほどの例に戻りますが、忙しく働く親にとって、子どもの習い事のために仕事を休んだり、早退することは困難です。そこで、習い事への送迎のためにベビーシッターを利用する場合は、最低2時間などの利用条件もありトータルとしてのコストが割高になります。

もし、あなたの学童保育に通うことで、手づくりのおやつを食べて、宿題やほかの勉強をしながらゆったりと過ごし、そこから習い事の教室に送迎してもらい、夕方には学童保育で夕食も済ますことができるとしたら、どんなに助かることでしょうか。

ブルー・オーシャン戦略とは、このようにして満たされていない市場を探し、満たされていないお客様のニーズや問題を解決していくための考え方なのです。ここで補足すべきポイントが2つあります。

### ポイント❶ 塾や習い事教室は競合にはならない

すでに存在している学習塾や習い事教室が、あとから学童保育としての場所を提供することはほぼ不可能でしょう。十分なスペースがないからです。稀に、学習塾が部屋の一画をパーテーションで区切って預かりサービスを提供しています。しかし、待合スペースを多少拡張した程度ですので、子どもが長時間過ごすには不適切です。また、そもそもおやつや夕食といった民間学童には不可欠なサービスを提供することを前提に借りている場所ではないので、キッチン設備がない等、相応しい環境とは決していえません。

だからこそ、あなたがこの地域で民間学童を運営することで、ほかの学習塾や習い事とは全く違う差別化を行なうことができますし、子どもがあなたの学童保育を拠点に、ほかの習い事教室に通う等の共存を図ることも十分可能です。

**ポイント❷ ほかの民間学童の半径1km以内には注意**

　希望するエリアの半径1km以内にほかの民間学童があるのであれば、いきなり1校目をその立地で出店することは見送ったほうがよいでしょう。たとえあなたの民間学童が、ポジショニングマップで見ると、競合とは違うゾーンにあり、差別化ができているとしてもです。

　なぜなら、競合はこれから出店するあなたよりも地域から信頼を得ており、また資本的な体力もあります。あなたが強みとしているサービスを模倣したり、またはあなたの強みを打ち消すような新たなサービスを展開してくる可能性もあります。そして、常に競合を意識した戦いをしなくてはいけないので、あなた本来の強みを見失う可能性もあるからです。

　どんなによいポジショニングマップが描けたとしても、1校目は、ほかの民間学童がある半径1km以内の出店は避けてください。

**考察 こどもクリエ塾のブルー・オーシャン戦略**

　私は、2011年東京の白金台（シロガネーゼで有名になった住宅地）に、1校目の民間学童保育施設「こどもクリエ塾」を開きました。開校前は、近隣には民間学童は全くありませんでした。しかし、想定外のことが起こりました。

　なんと、白金台駅の隣の目黒駅に小学校お受験のパイオニア伸芽会が運営する学童保育「伸芽'Sクラブ」が、さらに目黒駅とは反対側の隣駅・白金高輪台駅には中学校受験塾最大手SAPIXの日本入試センターが運営する学童保育「ピグマキッズくらぶ」が、こどもクリエ塾と同じタイミングで開校されたのです。

　学童保育という存在だけでブルー・オーシャンになると思っていた私の目論見は大きく外れました。いくら提供するサービスで差別化ができていたとしても、大手で別のエリアでの実績もあり、立派な内装が施されて、部屋もたくさんある大きな学童と、全く実績のない初めてつくられた一部屋だけの学童。あなただったら、どちらを選ぶでしょうか。

## こどもクリエ塾の考え方

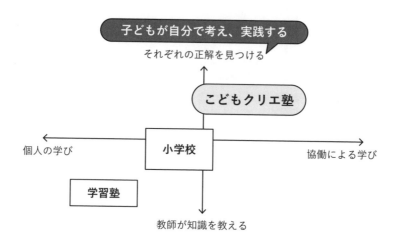

　結果的に児童は集まったのですが、苦しい経験となりました。私がほかの民間学童がある駅での1校目の出店を避けること、そして大手競合がある場合には彼らがカバーしている地域での出店は避けるように主張するのは、自分自身の実体験があるからです。白金台校が黒字化するのに、なんと15か月を要しました。

　しかし、こんな強力な競合に挟まれてもいまでは毎年キャンセル待ちが続いています。理由は、独自のブルー・オーシャンを設定していたことにあると考えています。

　学校では習わないこと、学習塾とも違う学びを毎日実施することを設定したこと。選択制ではなく全員で学ぶ「学びの場」が重要であると設定していたこと。さらに、定員24名の比較的少人数学童であるが故に、夕食対応など、忙しく働く親へのきめ細かい対応ができること。これらが、選んでもらえた理由だと考えています。

　もちろん、いまのままでずっとあり続けることができるとは思っていません。大切なことは守る一方で、子どもたちの成長に負けないように、変化と進化をし続ける学童でありたいと考えています。

| 開始時期：13か月前 | 必要期間：3日 | 費用：なし |

# 3 「なぜあなたがやるのか」自分自身を分析する

## ■ 自己分析でビジネスの「核」をつくる

学童立ち上げ準備に際して最も重要なことは、自己分析をしておくことです。

- 何のためにやるのか？
- 何を目指すのか？
- 自分自身の強みは何か？

この3つは、あなたの民間学童ビジネスの「核」となるものです。「核」とは、すべての中心であり、そして要です。簡単に変わるべきことではありません。

ビジネスをスタートさせると様々なことが起こります。最初からうまくいくことはありません。どんなに準備をしていても、想定外のことが起こります。なぜなら、事業とは人がつくり出す生き物のようなものだからです。そして、想定外の変化に対して、自分で考え、意思決定ができる人は稀です。

悩ましいのは、ある保護者の強い要望に応えようとして、あなたが提供している価値や利便性を棄損する選択を検討するときでしょう。この問題は、開校時に頻繁に直面することとなります。

例えば、全員参加型のプログラムをウリにしているのに、「うちの子はプログラムには参加させないで宿題のフォローをしてほしい」と保護者から要望があったときはどうするか、といった問題です。

このような問題について難しい判断をする際の基準となるのが、この自己分析によってつくるあなたの民間学童の「核」なのです。

ステップ① 理想を形にする「コンセプト設定」

### ■ 親が知りたいのは「なぜあなたがやるのか？」ということ

「建学の精神」を聞いたことがありますか。建学の精神とは、創設者の熱い想いであり、校風や独自の教育・研究の指針となっているものです。私立の学校であれば必ずあります。会社でいう、経営理念と同じです。

例えば、同志社大学は、渡米してアーモスト大学で学んだ新島襄が、「キリスト教主義」「自由主義」「国際主義」を建学の精神に掲げ、「良心」に満たされた人物の養成に努めています。

「学童保育に、建学の精神が必要なのか？」という疑問があるかと思いますが、私の答えは「必要」です。

小学校よりも長時間子どもが過ごす場所を選ぶ際に、保護者が何を最終的に確認しているかというと、本当に子どもを預けてもよい信頼に足る場所なのかどうか、なのです。サービス内容をパンフレットにうまくまとめることはできます。また、設備面を整備することはお金をかければできることです。しかし、人の問題は異なります。

経営者がどんな経歴や思想をもった人なのか。なぜ、学童保育を立ち上げたのか。子どもが日常関わるスタッフはどんな人なのか。また、どんな方針でスタッフを教育しているのだろうか。

塾や習い事とは異なり、自分の子どもが毎日長い時間過ごす「第二の家」だからこそ確認したいのです。

そして、保護者が抱く疑問や質問に対する答えが、「なぜあなたが学童保育をやるのか？」という、建学の精神なのです。

### ■ 建学の精神をストーリーにする

建学の精神を伝える目的は、保護者に納得してもらい、信頼してもらうことにあります。そのために、最も効果的なまとめ方は、ストーリーにすることです。わかりやすくいえば、物語仕立てにすることで、あなたの学童保育の特徴やメリット、またあなたがどんな人で、なぜ学童保育を立ち上げようとしたのかを伝えることです。この方法は、一般的にストーリーテリングと呼ばれており、人の感情に訴えていく

という点において、効果的な方法です。ストーリーにすることで、建学の精神が伝わりやすくなり、読むだけでこれまで全くの赤の他人が、親近感や信頼を抱いてくれる可能性が高まります。

「なるほど経営者はこんな経験をしてきたから、この学童保育を立ち上げようとしているのか」「自分とも少し共通点があるな」「子どもに対する考え方について共感するところがいくつもあるな。ここだったら、子どもを預けてもいいな」と保護者が思えるようなストーリーにするのです。

ストーリーテリングには様々な方法がありますが、建学の精神を伝えるために必要な要素は次の5点です。

- 目的意識（保護者が共感できること）をもってまとめる
- スタート、中間（障害や紆余曲折）、ゴールを設定する
- ゴール（なぜこの学童保育をはじめるのか、何を目指すのか）に向かって説明する
- 具体的に説明する
- 簡潔にまとめる

ストーリーができたら、いろいろな人に話してみてください。話す順番や言葉遣いを変えるだけでも、人の反応は違います。人に共感してもらえる建学の精神のストーリーができれば、事業計画づくりの半分は達成したといえるでしょう。

### 考察 こどもクリエ塾の建学の精神

こどもクリエ塾の建学の精神は2,230文字（原稿用紙にして5枚半）とかなり長文のため、ホームページにだけ掲載しています。教室案内のパンフレットやチラシには載せていません。

しかし、お問い合わせいただいた方の半分以上、さらに入会者の8割以上の方が建学の精神を読んでくださっています。あなたの学童保育のストーリーづくりの参考になれば幸いです。

# こどもクリエ塾の「建学の精神」

## 主宰者が語る「建学の想い」

### 情熱を持って、創造的に学ぶ

スクールを立ち上げようと思った原点には、私自身の体験にもとづく想いがあります。それは、子どもの学びへの情熱は、本人が学ぶ目的を見出し、学ぶ必要性に気づくことからのみ生まれる、という確信です。

私の小学校時代は、勉強と家のお手伝いの6年間だったともいえます。教育熱心な母は、私のために自ら塾を開き、学力を段階的に高める反復学習を私に課しました。おかげで小学生の間に高校の「数学Ⅰ」を修了するほどの基礎学力は身につきました。その過程はチャレンジングであり、達成感はありましたが、正直なところ「何のために勉強するのか?」という学びの目的と情熱を見出すことはありませんでした。

本来「学び」とは、勉学だけを通じて育まれるものではないと思っています。私の場合、小学生から中学生にかけて、課外活動として半年ごとに取り組んだ町内の廃品回収活動のほうが、塾での勉強よりも楽しく、学び多き思い出になっています。決められた時間の中で、いかに効率的にたくさんの新聞紙やダンボールを集めることができるか、自分でよく考え、近所の仲間と計画を立てて役割を分担し、チームで働く楽しさを学びました。見知らぬ家や企業を訪問し、趣旨に賛同してご協力いただけるよう話し合いました。いろいろな理由で断られることもありましたが、うまくいかなかった場合の反省をふまえて次の交渉に臨むことで、創意工夫が生きるよろこびも知りました。

このときの想いを、理論と実践にもとづいて具現化できる学校を設立しようと思ったのです。

- 子ども自らの問いとやる気、情熱からスタートする、創造的な学びの場をつくろう
- 学んだことが「活かせる」と実感できる、本物の学び、現実的な学びの場をつくろう

子どもたちが情熱を持って、創造的に学ぶ場をつくっていくことが、こどもクリエ塾が目指す姿です。

### 国際的に通用するリーダーシップと創造力の育成

ここで、みなさんが身を置かれているビジネスの世界を思い起こしてください。20世紀の日本の教育で重視されていた学力——暗記力、分析力、情報処理能力——を身につけているだけでは、もはやビジネスパーソンとして通用しなくなっていませんか。

私が働いておりました外資系戦略コンサルの世界でも、それは顕著でした。かつては、コンサルタントが主業務として行っていた調査分析業務は、今やインドや中国といった価格競争力のある海外企業へのアウトソーシングや、情報システムによる代替で成り立っています。

「こどもクリエ塾」ホームページより
(興味のある方は、https://visiongate.co.jp/clie/aboutkidsclie/ で全文お読みいただけます)

| 開始時期：13か月前 | 必要期間：1日 | 費用：なし |

## 4 提供するサービスは自前？それともフランチャイズ？
——— 後戻り不可のポイント①

### ■ やり直しがきかないポイントを先に押さえる

どこでもいわれていることですが、新規事業が完璧に計画通りにいくことは滅多にありません。実際にやってみて、修正しながら進んでいくのが新規事業です。

しかし、学童保育の場合、やり直しがきかないポイントがあります。それは次の2つです。

- サービス提供に「フランチャイズ」を利用するか
- サービス提供方法は、「全員一律型」か、または「選択型」か

ここでつまずいたら、学童保育事業を続けていくために学童保育の施設を借り直す必要があったり、一度法人を閉じて、新しい法人でビジネスをスタートさせることになるのです。

この項では、フランチャイズの利用について解説していきます。

### ■ 学童保育における2種類のフランチャイズ契約

フランチャイズ契約とは、個人や法人がフランチャイズ本部に加盟し、お店の看板、確立されたサービスや商品を使う権利をもらい、その対価をフランチャイズ本部に支払うというルールをまとめたものをいいます。

民間学童ビジネスでのフランチャイズ契約は、大きく2種類あります。1つ目は、教室名・屋号・ロゴ・ブランド・提供サービスなどすべてをフランチャイズ契約に基づいて展開する方法。2つ目は、英会話やプログラミングなどの教育サービスの一部のみをフランチャイズ契約に基づいて提供する方法です。

ステップ① 理想を形にする「コンセプト設定」

1つ目の教室名などのすべてをフランチャイズ契約に基づいて展開する方法は、大手英会話教室が運営する民間学童のタイプです。出店エリアの選定にはじまり、物件探し、スタッフの採用・教育など、開校までの様々な業務と安定的な運営までのサポートを本部から受けることができます。

　逆にいうと、このフランチャイズモデルでは、あなたの独自性をサービスとして提供することができません。勝手にいろいろなことをされてしまってはブランドが棄損する可能性があるからです。

　学童保育をビジネスとしてやってみたい方、子どもの教育と成長に向き合っていきたい方には向いている選択肢です。

　2つ目は、教育サービスの一部をフランチャイズ契約に基づいて提供する方法です。それ以外のすべては自分で決めて、自分で行ないます。英会話、プログラミング、ロボット、レゴ、実験などの子ども向けの習い事の多くは、本部直営ではなく、フランチャイズで運営されています。習い事には必ず流行り廃れのトレンドがありますので、流行にいち早く対応できるのがメリットです。

## ■ フランチャイズ契約のメリットとデメリット

　フランチャイズ契約のメリットは、最短距離でノウハウを取得できること、またそのブランドを利用できることです。

　デメリットは、フランチャイズ契約のほとんどは初回の契約金に加えて、毎月ロイヤリティの支払いが発生しますので、自前と比較すると利益率が低くなります。そして、一度契約をしたら、契約が終了したとしても、最低でも丸2年はその領域でビジネスはできないといった競業避止義務条項が契約書に設けられていることがほとんどです。

　自分の理想とする教育やサービスがあるのであれば自分自身でやってみる。いち早くノウハウを取得してビジネス拡大を目指すためにフランチャイズ契約を結ぶ。

　民間学童をなぜ開設したいのか、これからどうしていきたいのかをよく考えて自前かフランチャイズかを選択する必要があります。

## 5 | サービス提供は全員一律型？それとも選択型？

開始時期：13か月前 ／ 必要期間：1日 ／ 費用：なし

後戻り不可のポイント②

### ■ サービスの提供方法の考え方

　学童保育の計画を立てるうえで、やり直しがきかないもう1つのポイントは、「どのような方針でサービス提供するか」です。

　学童保育のサービスの提供方法は、みんなが時間になったら同じことに取り組む（または同じように過ごす）全員一律型と、申込み時に選択してもらい、子ども一人ひとりが個別のスケジュールで過ごす選択型に分けられます。

　ここでいうサービスとは、その学童のウリとなる主として提供される学童保育サービスや教育プログラムを指しています。例えば、夕食の提供や個別の送迎サービスは、ここでの説明対象外とします。

　全員一律型は、定員40名以上の大手民間学童では多く採用されています。放課後の時間を自由に過ごし、時折全員参加のレクリエーションやイベントがある。英語型学童の場合は、レベル別や時間別で複数のクラスがあるものの、全員が毎日なんらかの英語クラスを受講するなどです。

　教育プログラムを選択型にするのは、最近のトレンドです。「学童保育×〇〇」をコンセプトに様々な業態からの学童参入が多いことはご紹介した通りです（17ページ参照）。さらに、この「〇〇」がたくさんあったほうがよいと考えて、教育プログラムを選択型にして様々なジャンルのサービスを提供している民間学童は増えてきています。例えば、英会話ができて、そろばんも、お習字もやって、そしてバイオリンの先生もきているバラエティ溢れる民間学童は、様々な保護者のニーズに対応でき、ビジネスとして素晴らしい可能性があるように見えるでしょう。また、世の中に教えたい人たちはたくさんいますので比較的簡単にスタートさせることもできます。しかし、計画時点で

ステップ① 理想を形にする「コンセプト設定」

考慮すべき点があります。

## ■「選択型」の計画で考慮すべき3つのポイント

選択型を計画する際には、次の3点を考慮してください。

### 考慮点❶ 基本料金は「全員一律型」よりも安く設定する

利用する保護者にとっては、教育プログラムを受ければ受けるほど料金がかさみますので、月額料金は相場よりも安く設定をする必要があります。一方で、選択型による習い事料金は、稼働率や講師料金との兼ね合いもありますので、売上と利益の計算からは除外して考える必要があります。選択型による習い事料金は、講師の支払い等の費用に充てて、利益とは別に考えたほうが安心です。

### 考慮点❷ 通常の部屋×1.5倍の広さが必要となる

選択型で習い事を受けられることをウリにしているのに、希望しても受講できないようでは話になりません。全員がプログラムを受けられるように、教室の面積は通常の学童保育×1.5倍は必要です。

具体的には、定員の4分の1が一度に集約できる部屋を2部屋用意し、1回90分のプログラムを同時に2部屋、かつ2回行なうことにより、希望すれば全員が1日に1プログラムは習い事を受講できるような体制を整えなければなりません。

### 考慮点❸ 音の対策を考慮して物件を選択する必要がある

自由に遊んでいる大勢の子どもがいる中で、一部の子どもだけが習い事を集中して行なうためには、それなりの防音設備をもった部屋が必要です。簡易な間仕切り工事だけでは、どうしても音や声は筒抜けになってしまいます。

子どもは、友だちが大勢遊んでいる中で、自分だけ英会話をしていたら、どうしても遊んでいる様子が気になるものです。

「子どもがほかのお子さんが気になって集中できないといっている」

## 「選択型」で必要になる広さ

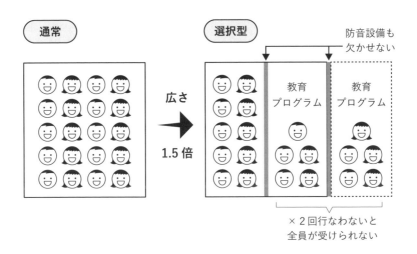

といった保護者からの意見や、「もっと集中できる環境で学ばせたい」と、ほかの専門教室に移動されるといったことが起こるのは時間の問題です。そのために、音が響きにくいコンクリート壁200mm以上の物件を借りる必要があります。建物の構造がよければ、建築費もかかり、結果として家賃も高くなります。坪単価で1.5倍程度と考えましょう。

「選択型」の民間学童は、「全員一律型」よりも家賃が高くなり、かつ月額料金による売上は低くなるため、収益の確保が難しくなります。定員設定が少ないと、あなた自身の報酬を得ることができません。

　例えば、あなたの報酬は月50万円あり、かつ会社としても15％の利益を確保できるようにするのであれば、1日定員40名以上とする前提でスタートをさせる必要があります。

　つまり、「選択型」の民間学童は、大規模型学童のビジネスモデルなのです。

■ 撤退していく企業から学ぶ「選択型」の落とし穴

　実は、3年以内に撤退をしていくのは、「選択型」です。なぜ撤退をしていく民間学童が多いのでしょうか。
　次の2つの理由があります。

**理由❶ 大手と競合する可能性が高くなる**

　「選択型」は、1日の定員40名以上を前提としないと利益が出ないビジネスモデルです。1日40名の子どもを集めるためには、対象地域も半径1kmではなく、半径2km以上で対象となる小学校も4〜5校と広く想定する必要があります。結果として、地域的にもまたサービス内容としても大手民間学童と競合する可能性が高くなります。

　大手と競合してしまったら、ブランド力、施設のグレードや教える講師のプロフィールで見劣りして、あっという間に負けてしまいます。大手にはない強みをもつなど、あらかじめ十分な備えをしておく必要があります。

**理由❶ 毎日のオペレーションが複雑でコストが高くつく**

　毎日40人の子どもを預かると、40パターンのオペレーションを回し、そして月末に40パターンの請求書をつくる必要があります。
　例えば、Aちゃんは宿題をやったあとに、60分理科実験をして、30分休憩をはさんで英語のプライベートレッスン。
　Bちゃんは、宿題を済ませたあとしばらく自由に過ごして、19時に夕食。その後、ピアノレッスンを受けてから自宅まで送り届ける……といった状況が生じます。
　そうなると、予定どおり子どもたちのスケジュールを回す人、子どもたちに勉強を教える人、遊ぶ様子を見守る人、夕食をつくる人、保護者にフィードバックをする人、それを全体管理する人が必要です。
　1校目の現場責任者を最初はあなた自身が務めることを前提としても、1人で40人は回せません。あなたの助手となるスタッフを採用し、育てていくためのコストは、通常の学童よりも高く見積もる必要

## 「選択型」で複雑になるオペレーション

があります。

また、毎日のオペレーションの確認、準備など、実際の営業時間以降の勤務が長くなる＝残業代が発生することも想定されます。

さらに、月末・月初の請求書発行作業には多大な労力と時間もかかるでしょう。

以上の点を考慮したうえでサービスの提供方法を「選択型」にするか、「全員一律型」にするか決めてください。

開始時期：13か月前 ／ 必要期間：3日 ／ 費用：なし

# 6 「価格設定」で見落としがちなこととは？

## ■ 価格と定員、提供サービスの関係

　価格設定に迷う方は多いでしょう。経営状態に合わせてコロコロと価格を変えていては、保護者たちに不審に思われてしまいます。ポイントを押さえて、開校後は頻繁に料金改定をすることがないようにしましょう。

　前提として、価格は1日の定員と提供サービスを必ずセットで、次の4点から考えてください。

①どんなサービスを提供して1日の定員は何人とするのか
②売上目標と定員から逆算すると価格はいくらになるのか
③サービスを提供するためのコストを考えると価格はいくらなのか
④近隣相場と比べるとその価格で本当に集客できるのか

### ①どんなサービスを提供して1日の定員は何人とするのか？

　主な民間学童の提供サービスと1日の定員は、以下の通りです。これらも考慮しながら、あなたの学童保育のサービスと定員の目安を先に考えましょう。

● 1日の定員と提供サービス

| 定員 | 提供サービス |
|---|---|
| 14名以下 | 家庭と同じ生活環境、個別学習 |
| 15〜40名 | グループ学習、選択型学習 |
| 40名以上 | お預かり（おやつ、宿題サポート、任意で夕食あり） |

　例えば、弊社の表参道校は少人数学童として定員15名（ほかの校

舎は定員24〜40名）で設定しています。弊社のサービスのウリは、毎日実施するプロジェクト型学習（正解のない問いを子ども自ら考え、必要に応じて専門家を通じて、集団で学び合うこと。アクティブラーニング、探求学習）です。学び合いが活性化するような子どもの人数が必要となります。そのため、学び合いに適した最低限の人数で、きめ細やかにスタッフの目が行き届き、落ち着いた雰囲気を維持できる人数として15名と設定したのです。

### ②売上目標と定員から逆算すると価格はいくらになるのか？

売上目標を定員で割った数字をそのまま価格として設定してもよいですが、ここで検討しておくべきことは、子どもたちには週に何日通ってほしいのか、ということです。

一般的には、ボリュームディスカウントという考え方が浸透していますので、週5日通う場合の1日あたりの料金は、週1日利用の場合よりも、安く設定しなくてはいけません。

例えば、1か月240万円の売上目標、定員40名であれば、週5日利用の価格は6万円、週1日あたりの単価は1万2,000円です。これを基準にすると下記のような料金設定となります。

● 料金設定の例

| 利用日数 | 料　金 |
|---|---|
| 週5日利用 | 6万円／月（週1日あたり1万2,000円／月） |
| 週4日利用 | 5万円／月（週1日あたり1万2,500円／月） |
| 週3日利用 | 3万9,000円／月（週1日あたり1万3,000円／月） |
| 週2日利用 | 2万7,000円／月（週1日あたり1万3,500円／月） |
| 週1日利用 | 1万4,000円／月（週1日あたり1万4,000円／月） |

週5日の利用者が多ければ、会社全体の利益率は小さくなります。しかし、毎日同じ子どもが通ってくれると、よい意味で家族のような雰囲気ができます。

もしも、提供するサービスの都合などで、毎日特定の子どもが通う学童保育にしたい場合や、集客に苦労するのであれば、価格設定を週3日以上のみに設定する考え方もあります。とにかく週5日の利用者を増やしたい場合には、週5日の料金設定を安く（例えば、週5日利用者の週1日あたりの料金を1万1,000円、月額5万5,000円に設定する等）している学童保育もあります。

　弊社の場合は、曜日ごとにプロジェクトが異なるため、毎日同じ子どもが通う家庭的な雰囲気はそれほどありませんが、子どもが入れ替わることが逆に様々な刺激になってよいと考えています。また、家庭の多様な事情に応じて柔軟に利用してもらいたいため、週1～5日までの料金設定をしています。

　これも、あなたの経営者としての考え方次第です。どんなニーズの方に利用してもらいたいか考えてみましょう。

## ③コストを考えると価格はいくらなのか？

　コストを算出するときは、先に毎月の経費を計算します。例えば、次ページ表のように経費が合計43万円だとわかったとします。仮に、最低募集人数である1日15人×平日5日間＝75人でこの金額を割ると5,733円／日。あとは、この最低限のコストを維持するための5,733円にあなたの給与を含めた利益をいくらのせるかを考えて価格を決定していきます。ここまでは、預かりサービスのみを提供する場合のコスト算出です。

　それ以外のサービスやプログラムを提供するときのコストについても簡単に説明しておきましょう。

　教育プログラム等のサービスのコストで最も大きいのは、講師料とフランチャイズ契約をした場合のロイヤリティです。

　弊社の場合、開校1年目に集客とオペレーションの状況を見て、曜日別プログラムの一部を自前からフランチャイズ契約に変更したために、当初の想定よりも利益率は低くなりました。コスト算出は、サービスの詳細設計をしてからではないと、絵に描いた餅となります。ま

## 月々の経費例

| | |
|---|---|
| 家賃 | 20万円 |
| 光熱費 | 1万円 |
| 通信費 | 1万円 |
| おやつ代 | 1万円 |
| スタッフ人件費（パート4人分） | 20万円（4人×5万円） |
| 合計 | 43万円 |

| | |
|---|---|
| 1日15人利用した場合 | 5,733円／日 |

ずは、サービスの詳細をしっかり設計しましょう。

### ④近隣相場と比べるとその価格で本当に集客できるのか？

　価格を仮設定したら、本当に集客できる額なのかを近隣の相場と比較します。

　近隣の相場は、開校予定地の半径2km程度、東京であれば同じ区にある学童保育の料金を調べます。月額料金だけではなく、管理費やオプション料金、特に送迎サービス料金やプログラム料金、割引・振替制度も調査対象にしてください。

　例えば、東京・神奈川を中心に展開している1日の定員55～80名の大規模型大手民間学童は、近隣指定小学校までのお迎え込みで週5日利用で月額4万2,000円、自宅への送り届けは週5日利用で6,600円です。

　お休みした場合、月内での振替制度はありますが、事前申請含めてのお休み割引はありません。月額料金は固定された料金体系です。

　一方で、同社の一部施設では、大手英会話教室と提携し、毎日英会話プログラムを実施しています。

　この場合の料金は、近隣指定小学校までのお迎え込みで週5日利用

## 料金設定の目安

| | 大規模型<br>大手民間学童<br>（定員55〜80名） | 英会話教室型<br>民間学童<br>（定員40名） | あなたの学童<br>シンプル<br>サービス<br>（定員40名） | あなたの学童<br>サービス充実<br>（定員35名） |
|---|---|---|---|---|
| 週5日利用<br>の場合<br>（小学校への<br>お迎え込み） | 4万2,000円 | 5万7,000円 | 4万2,000円 | 6万円 |
| 管理費 | 6,000円 | 6,000円 | — | — |
| 自宅への<br>送り届け<br>（週5日利用<br>の場合） | 6,600円 | 6,600円 | — | — |
| 合計 | 5万4,600円 | 6万9,600円 | 4万2,000円 | 6万円 |

※料金はすべて月額

の料金は5万7,000円、月の管理費6,000円、自宅への送り届けは週5日利用で6,600円です。

　もし、あなたが東京郊外や神奈川で学童を運営するのであれば、送迎つきで、毎日プログラムつきの定員40名以下の施設であれば、週5日利用の場合、月額6万円前後であれば集客できると考えます。逆に、同じエリアであなたが多くの方に利用してもらうために、サービスをシンプルにして低価格をウリにしようとした場合、近隣指定小学校までのお迎え込みで週5日の利用で4万2,000円以下にしないとインパクトはありません。お迎えサービスを実施しないのであれば、どんなに高くても3万円台後半の設定にしないと大規模型大手民間学童に負けてしまうでしょう。

## ■「高価格×少人数学童」の考え方

　近隣相場よりも2倍以上の高価格学童を実施する場合は、価格に見合った手厚いサービスを提供する、もしくは受け入れ人数を少なくする必要があります。

　高くてもその学童施設に預ける親の心理としては、家の代わりに子どもにストレスなく、そして自分の代わりに我が子を見守り、指導してほしいという気持ちがあります。

　東京には月額21万円の民間学童がありますが、一日の定員は最大10名です。この施設のウリは、家庭と同じような生活環境の提供です。毎日手づくりのおやつと夕食が提供され、お迎えが夜8時半以降の場合は就寝できる環境を整えています。特別な教育プログラムを提供しているわけではありません。ほとんどの子どもがこの学童を利用しながら、ほかの習い事を掛け持ちしています。

## ■ 価格設定でポイントとなる「松竹梅の法則」

　価格設定のテクニックとして、ぜひ知っておきたいのが、「松竹梅の法則」です。うなぎ屋さんやお寿司屋さんのランチメニューで見かけることが多いですね。松5,800円、竹4,000円、梅2,500円と並んでいるとすると、お客様は一番高い松を避け、一番安い梅にするのも抵抗があり、無難な竹を選ぶ人が多い、という法則です。科学的なデータはないですが、「松：竹：梅＝3：5：2」の割合で選ばれるといわれています。

　一番売りたい金額を竹に設定する一方で、3つが並ぶことで「どうせ買うなら一番よいものを」と一定の割合で上位商品を選ぶ層がいるために、客単価が上がる効果があるというのが「松竹梅の法則」です。

　習い事をオプション制にしたり、長期的に多店舗での展開を考え、店舗別でサービス内容を変える場合にも「松竹梅の法則」で応用できます。

　先ほどの大手民間学童の場合、実は3つのサービスを展開し、それぞれ料金を設定しています。

●大手民間学童保育のサービス展開（例）

| 学童保育の種類 | 週5日利用の月額料金 |
|---|---|
| 英会話つき学童保育 | 6万3,000円 |
| 学習フォローつき学童保育 | 5万1,000円 |
| 通常学童保育 | 4万2,000円 |

　人によって金額から受ける印象は変わりますが、例えば、月額4万2,000円の施設を検討していた人が、一方で毎日何か学ばせたい、できれば英語がいいなと思っていたとします。月額4万2,000円から「英会話つき学童保育6万3,000円」を決めるには、差額が2万1,000円あるので少し抵抗があるでしょう。しかし、間に「学習フォローつき学童保育5万1,000円」の設定があることで、「ここに通わせるのであれば、あと2万1,000円足して、やはり英会話つき学童保育に通わせよう！」と思うかもしれません。

### ■ 料金設定を考えるときに見落としがちなこと

　ここでは、いざ営業をはじめてからわかる料金設定の落とし穴を先回りして説明しましょう。

### ①月によって営業日数が異なるのに同じ料金設定

　学習塾や習い事は、週単位で通い、例えば木曜日が5日間ある月は、5日目をお休みにしているところが多いです。しかし、学童保育の場合は毎日通う場所ですので、お休みにはできません。
　月ごとに月額料金を変えているところもありますし、1年間通して全く同じところもあります。どちらがいいとか、悪いということはありません。
　いずれにしても、例えば「2月は営業日数が少ないですけど、同じ料金なのですか？」と質問をされた際に、納得感のある説明を価格設定の際に考えておきましょう。なお、年間の月額料金を固定する場合の考え方の一例ですが、前提として料金体系を週1日＝4回と設定し

て、利用コースや曜日別の年間営業日数で考えると、月曜日のみ学童保育を利用する方だけが年に数回、月の営業日数が4回を下回る月があります。このときだけ、月曜日のみの利用者に割り戻しを提供する、もしくは振替を受け付ける、というやり方もあります。

### ②お休み・振替・追加利用の料金設定

　学童保育の場合は、お休みが多いのも特徴です。体調不良による突然のお休みも多いですが、長期学校休暇時は祖父母の家に行く、旅行に行く等で月をまたいで1か月お休みする、ということも珍しくはありません。逆に、親の仕事の都合で、普段通っていない曜日に追加で利用したい、といった相談も発生します。

　よくある相談と対応例は次の通りです。

・お休みした場合
⇒月内での振替が一般的です。月末に休んだ場合は、翌月への振替希望が多いですが、弊社ではキリがないので対応していません。

・事前にお休みの申請があった場合
⇒大手民間学童を中心に、休みの申請の有無にかかわらず、料金を固定しているところがほとんどです。そのほうが請求書の計算も楽ですし、売上も安定します。

・普段こない曜日の追加利用を希望した場合
⇒一般的には、追加料金を支払えば受け入れ可能としているところが多いでしょう。ただし、弊社では過去に、初期備品の購入が必要なプログラムがある曜日にいつも（備品を購入されずに）追加利用申請をする方がいました。プログラムによっては追加利用を制限するなど、トラブルにならないように設定する必要があります。

　弊社は、忙しい保護者のニーズに柔軟に応えるため、所定日までに

お休みの事前申請があった場合には減額対応をしています。一方で、週5日の枠を申し込んで、毎月お休みの申請をし、結果的につど利用をしている方がごく一部見受けられたために、お休み申請のルールを厳しくしています。

### ③長期学校休暇時・1日学童の設定

保育園と異なり、小学校には夏休みや冬休みといった長期休暇があり、この期間は朝から営業しなくてはいけません。この場合の料金設定も、事前に決めておきましょう。

考え方は2つあります。1つは長期学校休暇時は朝から営業することを前提にして、月額料金を朝からの値段込みで設定する場合です。公立小学校に通う子どもがほとんどで、定員50名以上の大規模民間学童はこのパターンが多いです。8月のみ月額料金が高いところもあれば、より細かく1月、3月、4月、7月、8月、12月の各月に朝から開校しなくてはいけない日数を織り込んで、月額料金を変更しているところもあります。

一方で、インターナショナルスクールに通っている子どもは、早ければ6月末から2か月弱の長いお休みがあります。また国立・私立小学校も公立小学校のスケジュールとは全く異なり、公立小学校よりおおよそ2〜4週間もお休みが長いので、全員が同じ価格では不公平感が出てきます。

そこで2つ目の考え方は、公立以外の小学校のスケジュールにも対応するため、学校の長期休暇時は回数制度を導入する方法です。

この方法では、朝から利用する場合は、月額料金を日単位で精算します。そして、朝から夜まで丸一日の利用が1日だけなら、例えば1日あたりの料金が6,500円、5日以上利用すると1日あたりの料金が6,000円と、利用日数が多いほど1日の単価が安くなり、あらかじめ自分が決めた利用日の分だけ支払う方法です。弊社はこのパターンに設定していて、保護者から明確な料金体系だと好評です。

また、長期学校休暇時以外にも、運動会や学芸会の振替休日や、イ

ンフルエンザ等による学級閉鎖が原因のお休みもあります。これらに対応するために、臨時で朝から利用する場合の価格設定もあらかじめ必要となります。

### ④料金の再計算の手間

②③いずれにしても、保護者のニーズに柔軟に対応すればするほど、料金の再計算・再請求が発生します。「いまの時代、システムで対応すればいいのではないか？」と思われるかもしれませんが、私が確認する限り、一般的なシステムでは残念ながら対応できません。

保育園向けのシステムはたくさん出回っていますが、学童保育の場合は、各社の料金体系の考え方が異なるうえ、保育園と違って学校の長期休暇時の料金設定や送迎料金等様々なオプションが含まれているために、ゼロからシステムを開発する必要があります。もしくは、手動による個別精算を覚悟してください。

私自身、毎月の請求書発行の際には、あまりにも手間がかかるため、月額料金は変更なしの固定の料金設定にするべきではないだろうかという葛藤もありましたが、いまは利用者の事情に合わせた柔軟な対応、つまり、複雑な請求書発行をしています。

本書を読まれて、既存のシステムをうまく改変できる方がいらっしゃったら、ぜひご連絡ください。システムが開発できたら、私と同じように多様なニーズへの対応に苦労している民間学童にも提供していきたいです。

| 開始時期：13か月前 | 必要期間：7日 | 費用：1,000円（交通費） |

# 7 大手に立ち向かうための「エリア」の選び方

## ■ 最初からど真ん中には行かない

　地域によって住む人の特徴があります。そのため、1校目をどこに開校するかによって、あなたの学童保育のイメージが変わってきます。だからといって、誰もが知っているようなメジャーなエリアがいいわけではありません。

　誰もが知っているようなエリアとは、住む人が多い、または最寄り駅を利用する乗降客数が多いため、相対的にターゲットとなる客層も多い場所となります。だからビジネスチャンスも大きいだろうと考えて開校を検討するのはちょっと待ってください。

　たくさんの人がいる街で、あなたのターゲットに自分の学童保育を知らせるためには、ターゲットの数だけのパワーとコスト、浸透させるための時間がかかります。また、メジャーな場所だからこそ、飲食・不動産・美容といった様々な業界各社が参入し、日々情報発信をし続けているので、そのたくさんの情報の中に埋もれてしまうことでしょう。

　また、どんなにターゲットがたくさんいたところで、あなたの学童保育の一日の定員には限りがあります。20～40名の子どもたちを集めるために、マーケティングにいくら投資できるかを考えると、最初から大きな街での開校はおすすめしません。

　1校目で重要なことは、できるだけ早く、学童保育の存在を地域に浸透させ、そして子どもたちを集め、よいサービスを提供し、評判と口コミをつくっていくことです。そのためには、あえてメジャーな街を外し、早く結果が出やすい、ほどよい規模の街を選択すべきでしょう。「ほどよい規模の街」の目安としては、都内の場合、最寄り駅がJRであれば1日の乗降客数20万人以下、地下鉄であれば15万人以

下の街です。国立や早稲田をイメージしてください。

東京以外の地域の場合は、まずはあなたが地の利のある地域で、次のベンチマークデータを参考に選定してください。

### ■学童保育がベンチマークすべきデータ

エリア選定の際に、まず見るべきデータは3つです。

---

①人口動態
②近隣公立小学校のクラス数
③近隣保育園定員数と実際の人数

---

①の人口動態では、特にこれから小学校に入学する子どもの人数の推移を確認します。ターゲットとなる子どもの人数は将来的に増えるのか、減るのか、現状維持なのか把握しておきましょう。市区町村のホームページや、役所に行けば調べることができます。

②の近隣公立小学校のクラス数は、所得が高い都心部は最低2クラス、その他エリアでは3クラスはほしいところです。判断の分かれ目ですが、これよりクラス数が少ないエリアは、1校目の開校候補地としては見送るべきでしょう。こちらも、各学校のホームページや市区町村の教育関係のページで公開されています。

③の近隣保育園定員数と実際の人数も確認してください。こちらは、各自治体のホームページで公開されています。東京都や神奈川県の場合は、公設公営保育園のほかに、認証保育園の人数も確認します。

特に確認すべきは年齢別人数です。5歳児の人数は、翌年4月には小学1年生となり公設学童か民間学童のいずれかを利用する可能性があります。

### ■大手との競合は体力がついてから

例えば、次ページ図のエリアが東京都内にあったとしたら、あなたは1校目の民間学童を開校しますか。

## このエリアに1校目を開校するのはあり？

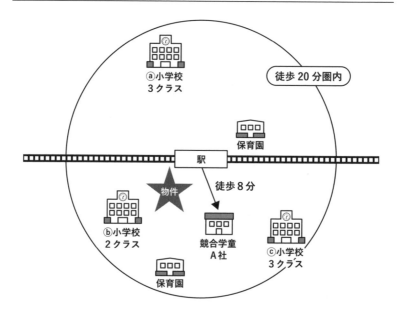

- 近年マンション開発が進んだ影響もあり、0〜4歳児の人口が増えてきており、将来的にビジネス拡大が期待できる
- 近隣の小学校は駅から徒歩20分圏内に3校。うち2校は一学年3クラス、1校は2クラス
- 近所に保育園が2つあり5歳児の人数は30名と21名
- 最寄り駅徒歩8分の場所に、電鉄系大手企業A社が定員50名の民間学童を3年前に開校。キャンセル待ちまではいかないが、堅調に集客している模様

　学童保育を開校するためのポテンシャルとしては現時点では高く、また人口動態からも8〜10年間はビジネス拡大が期待できるエリアだと判断できます。ただ、ポイントは大手電鉄系民間学童とのバッディングです。

あなたが駅前の物件（★マーク）を押さえることができたとしても慎重に検討してください。

大手民間学童は、車による送迎サービスを実施している場合が多いので、ⓐ、ⓑ、ⓒ小学校についても、リーチ済みでしょう。この場所に開校する、ということは、いきなりＡ社と完全競合しながら、新規立ち上げを行なうことを意味します。強烈な差別化ができなければ、Ａ社の土俵で戦うこととなりますので、１校目の開校エリアとしては見送るべきでしょう。まだまだ大手民間学童が進出していないエリアはたくさんありますので、無理をすることはありません。

ただし、もしすでにほかのエリアで１校目の経営に成功していて、独自性が市場で認知されており、Ａ社との差別化ができているのであればこのエリアでの開校は「あり」です。人口動態からも、Ａ社だけでは今後吸収できない需要が見込まれるでしょう。

### ■ "しっくりくる" は案外重要

データからエリア候補をピックアップできたら、まずは現場に行くことをおすすめします。現場百遍ではないですが、自分の足で調査することで、自分に合ったエリアかどうか感じることができます。駅から近隣の小学校までの道のり、子どもが下校する日中の時間と、自宅へ帰る夕方の時間帯に分けて、通りを行き来する子ども、親子のおおよその人数を確認すると、よりイメージがつかめると思います。

ただし、エリア選定の時点で、候補を１つに絞るのは危険です。なぜなら、エリアによっては、候補物件が全くない場合もあるからです。子ども向け施設として貸してくれる物件はかなり少ないのです（具体的な物件探しについては、123ページ参照）。

最低３か所はエリアを選び、優先順位をつけて、具体的な物件探しに臨まれるほうがよいでしょう。

### 考察 表参道というマーケットについて

こどもクリエ塾は、現在、東京の表参道・白金台・茗荷谷・四谷と、

タイのバンコクに教室があります。

　このエリアの順番が、私がこどもクリエ塾を説明するときの順番です。表参道校は日本で最後に開校したのに冒頭に挙げる理由は、表参道が東京以外に住む方でも聞いたことがあるメジャーな地名だと考えているからです。また、表参道に進出したことにより、ほかの教室がさらに人気となったからです。ただし、メジャーな場所に最初の教室を開くのは避けたほうがよいでしょう。

　新潟出身の私としては、表参道駅から3分、青山通りに面した場所に自分の教室をもてるなんて、本当に夢のようでした。当然ですが、家賃もほかの3つのエリアと全く違います。ざっくりいえば、白金台の2倍です。そのため、従来の料金体系では全く見合わないため、料金は2倍、その代わり少人数制（1日の定員は15名、スタッフは児童5名につき1名配置）、英語強化型の民間学童としています。

　プレオープン期間7か月、グランドオープン2年目のいま、この表参道という地域は、ほかの国内3つのエリアとは全く違うと感じています。とにかくマーケットが大きく、人もたくさんいます。表参道で認知してもらうのは、ものすごく大変だということを実感しています。広告を打ってもなかなか響かない、イベントをやってもなかなか集まらない。茗荷谷と四谷の2つの教室は7か月で黒字化できたのですが、表参道は黒字化まで実に19か月を要しました。それまでいろいろと経験してきて、だいぶノウハウもたまっているはずなのに、この結果です。

　ほかの3つの教室が稼いでくれるおかげで、表参道校が黒字化するまでの道のりに耐えることができました。

　実は、表参道は出店リクエストが続いていたこともあり、1校目の白金台校開校当時よりリサーチをしていたエリアでした。結果的に、家賃との兼ね合いでいまに至りますが、もし間違って早々に開校できてしまっていたらどうなっていたのだろうかと恐ろしく感じることがあります。

> 開始時期：13か月前　必要期間：14日　費用：なし

# 8 「何をしないか」を最初に決める

## ■ 何をするのか、しないのかを決めることが大切

「最も重要な決定とは、何をするかではなく、何をしないかを決めることだ」

これは、スティーブ・ジョブズ氏の言葉です。騙されたと思って、この言葉はしっかりと覚えておいてください。

学童保育のコンセプトも固まり、提供するサービスを決めていく段階になると、雪だるま式にサービスラインナップが膨らんでくるはずです。ましてや、周りの人に意見を聞きはじめたらなおさらです。

車で学校まで迎えにきてほしい。学校の宿題だけではなく、塾の宿題も個別に指導してほしい。おやつは手づくりがいい。アレルギー対応は必須。バイオリンやチェロなどの指導をしてほしい。ネイティブ講師から英語のプライベートレッスンを受けられるようにしてほしい。具合が悪いときも預かってもらえる環境がほしいなど、子どもの数だけリクエストはあります。これに対応しようとしていたらきりがありません。

特にスタートアップの際は、「これしかしません。これが特徴だからです」といえることこそが、ほかとの差別化になります。

あなたの学童保育は何を目指して、何をするのか。だから、何をしないかという判断基準は、46ページで説明した「建学の精神」となります。

## ■ すべて自前にこだわらない

「提供するサービスはすべて自分たちのスタッフでやるべきだ」という考えも捨ててください。時間とスタッフは限られています。一番大切なところに力を集中させていきましょう。

ステップ① 理想を形にする「コンセプト設定」

極端な話、スタッフも最初からすべて自前でそろえる必要はありません。最初はぎりぎりの数のスタッフで運営する場合が多いため休めない、あと1人雇いたいけれどなかなか採用できない、バックアップのためのスタッフを常勤で雇用する余裕はないという状況になりがちです。

困ったときは、外部の派遣会社を単発で利用することも可能です。人手が足りなければ、教室運営・保護者対応などコアな業務に自社のスタッフを集中させ、おやつや夕食の準備と後片づけ、連絡ノートのコメント書き、子どもの遊び見守りや後片づけのフォローなどの補助的な業務を外部のスタッフにお願いすれば、なんら問題なく教室は運営できます。

スタートアップ時は、学童保育を運営するうえで大切なことだけを自前で行ない、ほかは外部スタッフやサービスを利用する柔軟性をもつことが重要なのです。

### ■手づくりなどの面倒なことをあえてやる

何をしないかを決めて、すべて自前にこだわる必要はない、と説明してきました。ただし、勘違いしてほしくないのが、業務の効率化をすすめているわけではないということです。

大手民間学童など、既存の学童保育施設との差別化が、例えば「毎日手づくりのおやつを提供していく食に対するこだわり」なのであれば、それはそれでよいのです。

むしろ、合理的・効率的にできてしまうことは、規模が大きい組織のほうが得意ですので、あなたの差別化は揺らいでしまうことでしょう。大手民間学童がやりたがらない面倒なこと、手間がかかること、手づくりなことのほうが差別化になりやすいのです。

### ■ウリを一言で説明できますか？

コンセプトが固まってきたところで考えてもらいたいことがあります。あなたの「学童保育の差別化のポイント＝ウリ」を一言で説明す

るとどうなるか、ということです。

　8ページほどのパンフレットを読んでようやく理解できるようなウリでは、保護者には伝わりません。ビジネスの世界では、「エレベータートーク」という言葉があります。エレベーターで乗り合わせた相手にごく短い時間で自分の想いと相手のメリットをプレゼンテーションする技術です。

　ぜひ、このエレベータートークを超える、一言での説明づくりに挑戦してみてください。苦労するかもしれませんがそれだけの価値があります。なぜなら、学童保育を選ぶのは、説明会に参加する母親だけではありません。父親や、祖父母を交えた家族会議で決めることもあります。その場合、端的に伝わるウリが非常に有効です。

　また、詳しくは183ページで説明をしますが、口コミで伝わるのも、この学童保育ビジネスの特徴です。

　あなたが一番大切にしていることが伝播していくように、あなた自身がウリの一言での説明をつくっていくのです。

## 9 敵を知ることで自分の強みをつくる「競合調査」

開始時期：13か月前　必要期間：7日　費用：1,000円（交通費）

### ■ 競合調査は目的ありきで行なう

　競合調査とは、同じエリアでの主に同業他社、つまり民間学童保育サービスを調査することです。「主に」と書いたのは、あなたの提供するサービスと似ている塾や習い事などの教室があれば、調査対象に含めてもらいたいからです。

　競合調査を実施するタイミングは、あなたの学童保育のサービス概要やエリア候補が決まってからがおすすめです。なぜなら、調査するうえで「目的」が重要だからです。ただ漠然と競合を見てきて、パンフレットに書いてあるようなことを確認してくるのと、具体的な目的を設定して調査してくるのでは、得られる情報が全く違います。

　競合調査をする一番の目的は、あなたの学童保育サービスの強みや差別化ポイントが競合と比較して強みといえるのか、また、ほかにもっと差別化に繋がるような競合の弱みがないかを確認することです。これにより、ターゲットに刺さる、より効果的な営業戦略を実行することができます。あなたの学童保育サービスの強みは、あなたが主張すれば伝わるというものではありません。ターゲットである保護者の視点に立って、評価すべきことです。そのために競合調査は必要なのです。

### ■ ターゲットになりきろう

　調査方法は、まず競合施設のホームページから資料請求して、基本サービス、営業時間、料金、オプションサービスの詳細を確認し、そこに掲載されていない確認すべきことを明確にします。

　次に説明会や見学会の申込みをして、実際に競合施設でお客様として施設確認しに行きます。このとき、あなたがなりきるべきなのは、

## 具体的なターゲット設定が必要な事項

**①自分自身について**
　年齢、勤め先、仕事内容、勤務時間、土日勤務の有無、自宅の場所、仕事と家庭についての課題、子育てについての想い、どんな子に育ってほしいかという希望、小学校入学に向けて考えていること

**②子どもについて（複数の場合はそれぞれ考える）**
　名前、年齢、誕生日（何月生まれかによって子育てにまつわる悩みが変わるため）、保育園名、好きなこと、苦手なこと、習い事

**③家族について**
　夫（妻）の勤務先、年齢、子育てについての関与度、子育てへの意見、両親の住まいと孫への関心度・フォローについて

**④現在の子育ての状況**
　保育園の送り迎え、何時まで保育園に預けているか、平日の食事、ベビーシッター等の利用状況

**⑤想定世帯年収と子どもについての年間投資金額**

　あなたの学童にきてほしいと想定したターゲット像そのものです。性別を変えることはできませんが、あとは具体的に設定さえしておけばすべてなりきれるはずです。調査後に、競合の学童保育施設から営業のためのフォロー連絡が入るレベルを目指して、ターゲットになりきって調査してきてください。

　ターゲット像を具体的に描き、なりきることで「何を確認すべきなのか＝調査項目」が明確になります。

　例えば、都内で働く38歳Aさんになりきってみましょう。

　東京の千代田区に住むAさん38歳は、5歳の一人娘あいちゃんがいます。Aさんの勤務先は大手町の外資系金融機関で普段は

19〜20時まで勤務。高校時代からの同級生である夫は、数年前に独立して自営業。海外出張も多いため、普段Aさんとベビーシッターであいちゃんの面倒をみています。ベビーシッターは、あいちゃんが1歳のときからの付き合いで、仕事が遅くなる日は保育園にお迎えに行き、自宅で夕食を食べさせています。

　Aさん夫婦はともに英語が堪能であることから、あいちゃんにも英語を習わせ、将来的には留学してほしいと思っています。また、バレエ、ピアノ、アートなど様々な習い事もさせてきました。あいちゃんへの毎月の投資は、ベビーシッター料金と習い事を合わせると約20万円です。

　小学校に入ってからは、学校の宿題は確認を含めて学童保育で終わらせてもらいたい。あわせて、進学塾への入塾も予定しています。さらに、バレエとピアノを続けてもらいたいし、英語などほかのことも増やしていきたいと考えています。ただ、仕事が忙しいため、こうした習い事への対応や、勤務が遅くなる日は夕食を食べさせてくれる学童保育を探しています。

　都内で働く、いわゆる富裕層の家庭の例です。こういった方をあなたの学童のターゲットにするのであれば、少なくとも次ページ図の項目については調べる必要があります。

### ■ 競合調査で得た情報の活かし方

　競合調査をする一番の目的は、自分の学童保育サービスの強みや差別化すべきポイントが競合と比較して強みといえるのか。また、競合の弱みを把握することで、もっと差別化すべきポイントがないかを確認することでした。

　例えば調査の結果、競合他社では基本料金での預かり時間は19時まで、さらに延長は前日までの予約が必要で、かつ30分単位の料金精算であることがわかったとします。これにより、例えば、あなたの学童保育では、基本料金は19時半、延長は予約不要で15分単位の料

## 調査項目例

- □ 基本的なサービス
- □ 1日のスケジュール
- □ 1日のスタッフの人数
- □ 延長時間と料金
- □ 習い事送迎の有無・料金・申込み期限
- □ 宿題のフォローの有無・対応方針
- □ 対応方針
- □ 朝からの過ごす場合の1日のスケジュール
- □ 有事の際の対応
  （地震発生時の対応、お迎えに行けない時、学級閉鎖等の朝からの対応等）

- □ 基本料金
- □ 1日の子どもの定員
- □ スタッフの内訳・経歴
- □ 夕食の有無・料金・申込み期限
- □ 自宅送迎・料金・申込み期限
- □ 持ち込みワーク等のフォローの有無
- □ 長期学校休暇時のサービス

金精算に設定することで、忙しい保護者にとっては競合の学童より柔軟な対応をしてもらえる、と評価されます。

　また、具体的なターゲットになりきったうえでの競合調査の最大の効果は、自分自身が保護者の立場になれることです。

　教室の環境や設え、スタッフの対応、説明の仕方、様々な点でよいところもあれば、気になる点もあるでしょう。どういう説明のされ方をして自分が納得したのか、疑問に思ったのかなど、些細なこともメモをして、あなたの営業戦略をつくる際の参考にしてください。

　余談ですが、あなたの学童保育が成功すると、逆に競合調査を受ける立場になります。本書を読んで、完全に顧客になりきって調査にこられたらもちろん気づきませんが、多くの方は中途半端な設定でやってくるので、「調査だな」とすぐにわかります。質問の視点がところどころ保護者目線ではなく、調査員目線だからです。

| 開始時期：13か月前 | 必要期間：14日 | 費用：1万円（謝礼等） |

# 10　初めてでもできる「インタビュー調査」

## ■ 反対意見も確認しておく

　コンセプト設定もいよいよクライマックス。さいごは、ターゲットとなる方へのインタビュー調査です。コンセプトがある程度決まったにもかかわらずインタビュー調査をおすすめする理由は、考えを深めるためにあえて反対意見も含めた様々な意見を聞き、前提を疑ってみることが重要だからです。

　しかし、これから民間学童を立ち上げようとしている人に対して、保護者の目線で、あえて反論してくれる人がどれだけいるでしょうか。起業やビジネスの目線で意見をくれる人は多いと思います。しかし、このタイミングで必要なのは、5歳前後の子どもをもつ保護者からのリアルな反論・つっこみです。

　自分が予期していなかった質問や疑問、意見をもらうことで、よりコンセプトを研ぎ澄ませていきましょう。

## ■ 接点がない人に会うことが重要

　インタビュー調査は、できるだけ普段接点のない人に会うことが重要です。5歳前後の子どもをもつ友人がいるならもちろん会ったほうがよいですが、友人の場合、どうしても価値観が似てしまうものです。いまはSNSで様々な人と繋がれる時代ですので、インタビューの概要を簡単にテキストにまとめて、あなたの設定したターゲット像に該当する人、もしくはそれに近い人に送ってもらえるように知人に依頼しましょう。

　インタビュー依頼のメールを拡散してもらうためには、次ページ図の項目を簡潔にまとめてください。

## インタビュー依頼で明記する項目

①簡単な自己紹介
②インタビューの目的
　学童を立ち上げる意義・コンセプトを盛り込むとベターです。
③日時候補、所要時間、場所候補
　なるべく負担がかからないように平日のランチタイムなどに、相手の勤務先近くに出向くとよいでしょう。
④事前の質問
　インタビュー当日は、事前に用意した質問以外のこともちろん聞いてかまいませんが、あらかじめ質問がわかると安心して参加してもらいやすくなります。
⑤謝礼
　謝礼について明記しておくと、より多くの方にメールを拡散してもらいやすくなります。1時間3,000円と別途「ランチまたはお茶代」が無難です。
⑥連絡先
　あなたのメールアドレスと携帯電話の番号を明記します。

　また、メールで依頼するときの例文は81ページの通りです。メールの構成としては、冒頭3行の挨拶文以外は箇条書きにしたほうがすっきりとして見やすいのですが、すべてを文章にして書いたほうが印象が柔らかくなるためか、反応が多い傾向にあります。

### ■インタビュー当日の流れと配慮すべきこと

　前提として、インタビュー対象者がどんなバックグラウンドをもち、どんな課題や価値観をもっているかを確認する必要があります。
　いきなりどんどん質問をしてばかりですと、相手が引いてしまい、

うまく意見を聞き取れません。そこで、相手が話しやすいところから話してもらえるよう会話を進め、関係性を深めながら、さいごにあなたの学童保育について質問したほうがよいでしょう。

インタビューといっても、基本的には普通の会話のように話します。間違っても、質問をしてはメモを取る、質問をしてはメモを取る、といったことはせず、会話を楽しみながらインタビューを行なってください。

インタビュー相手が初対面の緊張から、会話形式での調査が難しい場合や、自分のことについてはあまり話したがらない場合もあります。そういう場合は、まずあなたの学童保育についての説明をして、利用したいかしたくないかとその理由を聞くだけでもよいでしょう。

### ■ 実践！インタビュー調査

では、具体的にどのような流れでインタビュー調査をすればよいか、流れを見ていきましょう。

**〈挨拶と名刺交換〉**

名刺を見ながら仕事内容や働き方の確認を簡単に確認する。
㋕「お仕事の時間はご自身の裁量で調整できるのですか？」
　「夜遅くまで会議が続く日もあるのですか？」

**〈現在の保育園の利用について〉**

どのように保育園を利用しているかを確認する。
㋕「保育園へのお迎えはどなたがされているのですか？」
　「お迎えの時間に間に合わないときはどうしていますか？」
　「保育園でお子様が夕食を取ることはありますか？　どのようなメニューですか？」

**〈あなたの学童保育のウリに関心があるかどうかの確認〉**

あなたが考えている学童保育のウリについてどのような興味・関心

# インタビュー依頼メール文章例

✉ 送信

宛先：

件名：3歳〜5歳のお子様をもつ保護者様へのインタビューのお願いです

はじめまして。
〇〇社勤務後、民間学童の立ち上げ準備をしています
遠藤と申します。

このたび、神奈川県で食育にこだわった
夜22時までお預かり可能な少人数制民間学童を開校いたします。
よろしければ、子育てや学童保育に期待すること、
普段のお子様の食について気をつけていること等について、
ざっくばらんにお話をおうかがいさせてください。

当日は、ランチ代またはお茶代＋謝礼3,000円にて
1時間ほどお時間をいただけたらうれしいです。
ご協力いただける場合には、日程候補2〜3と
ご希望の場所をご連絡ください。

よろしくお願いいたします。


＋＋＋＋＋＋＋＋＋＋＋＋＋＋＋＋＋＋＋＋＋＋＋
遠藤奈央子
連絡先：050-〇〇〇〇-××××
メールアドレス：△△△＠□□□.co.jp
携帯番号：090-〇〇〇〇-××××
＋＋＋＋＋＋＋＋＋＋＋＋＋＋＋＋＋＋＋＋＋＋＋

ステップ① 理想を形にする「コンセプト設定」

を抱いているかを確認する。

㋐（「食育」がウリの学童の場合）
「食育に興味はありますか？」
「いま、考えている学童保育では、野菜嫌いの子に、無農薬野菜を加工しておやつとして出す予定なのですが、どう思いますか？」
「小学校の夏休みを利用して、食をテーマとしたフィールドワークを実施したいと考えています。こんな民間学童ができたとしたら、お子様を預けてみたいと思いますか？」

**〈どのような学童保育施設を求めているか〉**
保護者が理想としている学童がどのようなものか尋ねる。
㋐「どのようなサービスがある学童保育に預けたいと思いますか？」
「お子様には、学童保育でどのように過ごしてもらいたいですか？」
「何時頃まで預かってもらいたいと考えていますか？」
「送迎サービスがあったら利用しますか？」

　基本的にインタビュー調査は、「調査」とはいうものの、相手とのコミュニケーションが基本となります。目的を常に念頭に置きながら、臨機応変に会話とそこからの発見を楽しみましょう。そして、インタビューから得られたことをもとに、コンセプトを完成させましょう。

# 起業の一歩を確実にする
# 「事業計画策定」

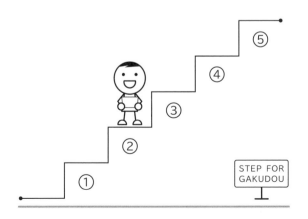

## 1 学童保育立ち上げの5つの選択肢

開始時期：13か月前　必要期間：7日　費用：なし

■ 5つの選択肢

　学童保育立ち上げの選択肢としては、個人事業主、株式会社、合同会社、ＮＰＯ法人、一般社団法人の5つがあります。それぞれの特徴を把握したうえで、あなたの条件に合ったものを選んでください。

１．個人事業主

　個人事業主とは、法人を設立しないで自ら事業を行なっている小規模経営者です。家族や少数の従業員で構成している商店街の店舗、飲食店なども規模によっては個人事業主が営んでいます。

〈個人事業主のメリット〉
①手軽に事業をはじめられる
　税務署に「個人事業の開業・廃業等届出書」を提出するだけで、すぐに個人事業主を名乗れます。手続きに費用もかかりません。簡単に起業できることが何よりのメリットです。
②会計処理が法人よりも簡単である
　確定申告は、会計ソフトなどを使って1年間の事業の収支を計算し、所得税額を算出して、自分で行なうこともできます。
③社会保険料や税金の負担が少ない場合もある
　社会保険料の負担が低額です。また、利益に応じて所得税の金額が決定されるため、利益が少なければ税金の負担も少なくて済みます。

〈個人事業主のデメリット〉
①社会的な信用が低い
　銀行からの融資を受けにくかったり、法人としか取引しないという

企業はかなり多くあるため、信用面では法人に大きく劣ります。
②事業主に事業が依存しているため無限責任
　事業が失敗して負債が残った場合、個人事業主は負債を全額弁済しなければなりません。
③所得が多いとそれだけ所得税の納税額が増える
　所得税は累進課税です。年間所得が500万円を超えるようになったあたりで法人化して会社を設立したほうがお得かもしれません。
　すぐに小さくはじめてみたい方には、個人事業主はおすすめです。

## ２．株式会社

　株式会社とは、投資家から資金を調達し、その代金で事業活動を行なう会社のことです。日本では、最も一般的で法人企業のうち9割以上は株式会社です。

〈株式会社のメリット〉
①社会的信用が高い
　第三者からは事業に責任をもって真剣に取り組んでいると見なされることが多いです。株式会社としか取引しないという企業も多くあります。
②節税効果が高い
　自分に掛かる生命保険料や退職金などが経費として認められるようになるなど、経費の幅が広がります。また、「欠損金の繰越控除制度」によって、赤字（平成30年4月1日以後に開始する事業年度において生じる欠損金額）を10年間繰り越して控除できます。
③万が一のときに有限責任である
　責任が有限であり、失敗したときのリスクが少ないことも法人ならではのメリットです。ただ、1つ重要な補足をします。
　個人が会社を設立して、金融機関から借入金をする際には、金融機関は代表取締役個人での保証を求められることが多いです。つまり、金融機関からの借入金の返済義務は個人としては残ります。

〈株式会社のデメリット〉
①ほかの組織と比べると設立費用が高い
　設立時に最も費用がかかるのは株式会社です。登記時の収入印紙代などで25万円前後の費用が発生します。
②株式会社は決算公告が必要
　株式会社には、決算期ごとに決算の数字を公表することが義務づけられています。さらに、官報への掲載は毎年約6万円かかります。

## 3．合同会社（LLC）

　2006年に施行された会社法により登場した新しいカテゴリーの会社です。Apple Japanやアマゾンジャパンなどの有名企業も合同会社です。外資系の企業の場合は、株式会社のブランドが必要ないため、会社運営のフットワークや節税を重視して合同会社を選んでいます。

〈株式会社と合同会社の大きな違い〉
①代表者・役員
　合同会社の社長に該当する代表者は「代表社員」を名乗り、社外に向けて会社を代表した立場で活動します。
②資金調達
　資金調達の手段は、社員から出資を募る、新たな社員を迎え入れて出資を受ける、金融機関などから融資を受ける、以上のいずれかとなります。

〈合同会社のメリット〉
①個人事業主よりも社会的な信用度が高い
　会社という体裁をなしているため、個人事業主と比べると信用されやすくなるでしょう。
②設立コスト・ランニングコストが低い
　設立にかかるコストは、株式会社の半分以下の約10万2,000円です。役員の変更・留任時の重任登記費や公告費用も不要です。

③経営の自由度が高く、フットワークが軽い
　出資比率に関係なく、社員間で自由に利益の配分を行なえます。
④**株式会社と同じく節税ができる**
　法人税は所得が800万円以下なら15%、800万円超なら23.2%と一定税率（資本金が1億円超の場合は一律30%）となります。

〈合同会社のデメリット〉
①知名度が低いため信頼性はやや劣る
　合同会社は、株式会社ほど知られていません。取引先によっては契約してもらえなかったり、採用の際に人材が集まりにくかったりする場合もあります。
②資金調達の方法が限られる
　株式会社の場合は増資による資金調達が可能ですが、合同会社の場合はできません。

　合同会社は、迅速な意思決定や利益分配などが自由に行なえることから、学童保育のスタートには向いています。また、消費税の納税義務が発生する年商1,000万円以上になるときに株式会社化することで、2年間の消費税の納税義務が免除されるため、節税できます。

## 4．NPO法人

　NPOとは、「Nonprofit Organization」の頭文字をとった名称で、日本語では特定非営利活動法人と訳されています。社会的使命の達成を目指した活動を行ない、構成員（株式会社でいう株主）に対する利益分配を目的としない組織です。なお、特定非営利活動促進法で定められた20分野に当てはまる活動でなければいけません。

〈NPO法人のメリット〉
①社会的に信頼される
　認知度が高く、社会的な信頼を得やすいというメリットがあります。

設立におよそ6か月間かかること、審査が厳しいなどの点から、社会的信用度が圧倒的に高くなっています。
②税金で営利法人よりも優遇される
　収益事業をしない団体は法人税の対象外となります。ただし、収益事業か否かの判定は、専門家に相談してください。
③公共機関が行なう事業に参加できるチャンスがある
　福祉、子育て支援などの社会貢献事業に関しては、非営利団体のNPO法人に任せている自治体が多いです。

〈NPO法人のデメリット〉
①申請から登記まで6か月ほどかかる
　NPO法人は申請から認証、不認証の結果がわかって登記するまでにだいたい6か月かかります。法人の中では、最も期間が長いです。
②厳格な経理が求められる
　法人の財政状態を誰が見てもわかるような会計帳簿の作成や、自治体からの監査のための事務処理と管理にコストがかかります。
③情報は公開されることになる
　自治体に事業報告や収支報告を書面にして提出する必要があります。情報は公開され、誰でも閲覧できるようになっています。

## 5．一般社団法人

　NPO法人と似て非なるものが、一般社団法人です。一般社団法人とは、営利を目的としない非営利法人です。必ずしも「公益」を目的とする事業内容である必要はありません。「非営利性」を担保しておけば、自由に事業を行なうことができます。

〈一般社団法人のメリット〉
①登記申請のみで設立ができる
　法務局への登記手続きのみで設立できます。許認可制ではないため、株式会社を設立するのと同じようにスピーディーに行なえます。

# 5つの選択肢

| | 個人事業主 | 株式会社 | 合同会社 | NPO法人 | 一般社団法人 |
|---|---|---|---|---|---|
| 設立費用 | — | 22万〜25万円 | 7万〜11万円 | 0円（自分で設立した場合） | 11万円 |
| 設立までの期間 | — | 2週間 | 1週間 | 6か月間 | 3週間 |
| 設立時の必要人数 | 1名 | 1名 | 1名 | 10名 | 2名 |
| 最低限の資本金 | | 1円 | 1円 | | |
| 法人の目的 | 営利 | 営利 | 営利 | 非営利 | 非営利 |
| 必要な手続き | — | 法務局で以下6点の登記を行なう<br>1. 登記申請書<br>2. 定款<br>3. 発起人の同意書<br>4. 取締役、代表取締役、監査役の就任承諾書<br>5. 役員の印鑑証明書<br>6. 資本金の払込証明書 | 法務局で以下4点の登記を行なう<br>1. 登記申請書<br>2. 定款<br>3. 代表社員の就任承諾書<br>4. 資本金の払込証明書 | 所轄庁で以下の申請を行なう<br>・設立認証申請書<br>・定款<br>・役員および報酬を受ける者の名簿<br>・役員就任承諾書および宣誓書（謄本）<br>・役員の住所または居所を証明する書面（住民票の写しなど）<br>・社員のうち10人以上の者の名簿<br>・確認書<br>・設立趣旨書<br>・設立についての意思の決定を証する議事録<br>・設立当初の事業年度および翌事業年度の事業計画書<br>・設立当初の事業年度および翌事業年度の収支予算書 | 法務局で以下6点の登記を行なう<br>1. 定款謄本（事前に公証役場で承認手続き）<br>2. 設立時理事および設立時監事の選任決議書<br>3. 主たる事務所の所在場所決議書<br>4. 設立時理事、設立時代表理事および設立時監事の就任承諾書<br>5. 代表理事印鑑証明書<br>6. 理事および監事の身分証明書 |
| 開業届け | 税務署：個人事業の開廃業届出書 | 税務署：法人設立届出書、青色申告の承認申請書、給与支払事務所等の開設届出書、源泉所得税の納期の特例の承認に関する申請書など<br>都道府県、市町村：法人設立届出 | 税務署：法人設立届出書、青色申告の承認申請書、給与支払事務所等の開設届出書、源泉所得税の納期の特例の承認に関する申請書など<br>都道府県、市町村：法人設立届出 | 認証後：法務局で登記<br>登記後：設立登記完了届書、登記事項証明書、財産目録など所轄庁の窓口に提出 | 税務署：収益事業開始届出書の届出<br>都道府県、市町村：一般社団法人設立届出 |

ステップ② 起業の一歩を確実にする「事業計画策定」

②小規模であっても設立できる

　社員は2名以上置く必要がありますが、理事は1名でかまいません。社員と理事は兼任できますので最低2名で設立できます。

③設立コストが安い

　設立時に財産を出資する必要はなく、0円で設立できます（定款認証費用と登録免許税の法定実費はかかります）。

④公益性があると思われる

　一般社団法人は、もともと公益性のある法人であったため、現在でも「一般社団法人＝公益性がある」と思われます。

⑤融資を受けることもできる

　融資については別途説明しますが、多くの金融機関の中で、日本政策金融公庫の融資を受けることができます。

〈一般社団法人のデメリット〉

①利益が出ても分配できない

　一般社団法人は非営利法人であるため、事業活動を行なって利益が出た場合でも社員に分配できません。

②面倒な書類作成が増える

　毎年1回の定時社員総会の開催、その後貸借対照表を公告、税務申告、役員の再任手続きと法律に則った書類を作成し、保存しておく義務があります。会計処理が煩雑になることもあります。

③上場できない

　株式市場へ上場することはできません。そのため将来事業を拡大し、より多くの利益を得たいと考えているのであれば向いていません。

## ■ 福利厚生サービス会社と提携できる法人格

　多くの企業において、低価格で福利厚生制度を運用できるアウトソーシングサービスの導入が、一般的になっています。民間学童保育サービスもこの福利厚生アウトソーシング会社と提携できます。

## 福利厚生アウトソーシングサービス

| サービス名 | 福利厚生倶楽部 | ベネフィット・ステーション | えらべる倶楽部 | WELBOX |
|---|---|---|---|---|
| 運営会社 | リロクラブ | ベネフィット・ワン | JTBベネフィット | イーウェル |
| HP | https://www.reloclub.jp | https://bs.benefit-one.co.jp | http://company.jtb-benefit.co.jp | https://www.ewel.co.jp |
| 会員数 | 9,300社<br>・560万人<br>（2017年4月末時点） | 7,170社以上<br>・428万人<br>（2017年4月時点） | 1,107法人<br>・271万人<br>（2013年4月時点） | 非公開 |
| 特徴 | ・日本初の福利厚生のアウトソーシングサービス会社<br>・導入実績ナンバー1 | ・120万件以上の豊富な各種メニュー、割引サービス | ・旅行業界最大手企業であるJTBが100%出資する子会社<br>・旅行メニューが充実<br>・全国1,000JTB店舗で受付可能 | ・東急不動産ホールディングスグループ<br>・全国27,00宿泊施設、35の独自施設利用可能 |

大手4社の情報を記載しました（上図）。

弊社は東京都内に4校ありますが、現在この4社と提携したことで、毎年の新規入会者の2割以上の方（売上にすると約1割弱）が、この福利厚生アウトソーシング会社経由で入会しています。

また、福利厚生サービス会社と提携をしたことで、会員数獲得だけではなく、マーケティング効果も期待できます。実際に、大手企業を中心とした会員企業に勤める保護者からの資料請求も多くあります。

現時点で、この大手福利厚生サービス会社と提携していることを確認できているのは、株式会社とNPO法人のみです。

■ 最終的に何がいいのか？

個人事業主・株式会社・合同会社・ＮＰＯ法人・一般社団法人の特

徴を説明してきましたが、最終的に何がいいのかは、あなたの学童保育はどうありたいのか、何を目指していくのかによって変わってきます。

　私は、本書を執筆している時点では起業9年目で、都内に4校、タイ・バンコクに1校を展開しています。起業時から東京である程度基盤ができたら、海外進出するつもりでしたので、株式会社以外はほとんど考えていませんでした。

　しかし、学童保育は予想不能なリスクがあるビジネスではないので、個人事業主でも十分です。

　また、公設民営を視野に入れているのであれば、ＮＰＯ法人や社団法人の法人格がもつイメージを利用したほうがよいでしょう。

　まずはスピーディーに法人を立ち上げて、利益確保と成長・拡大を目指すのであれば、合同会社が一番リーズナブルな選択肢だといえるでしょう。

開始時期：13か月前　必要期間：14日　費用：24万円

# 2 │ 「株式会社」設立の最安＆最速の方法

## ■ 株式会社設立は自分で手続きすると高くつく

　ここからは、株式会社設立の方法について説明します。

　最終的に株式会社を選択される方が多いでしょう。NPO法人設立を検討されている方は、『図解　NPO法人の設立と運営のしかた』（宮入賢一郎ほか著、日本実業出版社）などを参考にしてください。

　最初に伝えたいのは、株式会社の登記を自分で行なおうと思わないほうがよいということです。会社設立支援事業者に依頼したほうがお金も手間も省けます。具体的には次の通りです。

●会社設立費用の比較

|  | 自分で設立した場合 | 会社設立支援事業者に依頼した場合 |
|---|---|---|
| 登録免許税 | 15万円 | 15万円 |
| 収入印紙代 | 4万円 | 0円<br>（電子定款を導入している場合） |
| 定款認証手続きの手数料 | 5万2,000円 | 5万2,000円 |
| 専門家への依頼料 | 0円 | 約1万円 |
| 合計 | 24万2,000円 | 21万2,000円 |

## ■ 電子定款を利用すると定款認証の印紙代が不要

　多くの会社設立支援事業者や司法書士は電子定款を導入しているため、定款認証の印紙代4万円分を無料にする代わりに、代行手数料として5,000円〜1万円を請求し、実質本人が申請するよりも3万円安くして、会社設立・登記サービスを提供しているのです。

　もちろん、申請用総合ソフトをご自身でダウンロードして、自宅か

ら電子申請することもできます。この場合は、定款認証の印紙代4万円がまるまる浮きます。しかし、一度きりの作業のために、膨大な時間を費やすくらいであれば、専門事業者の利用をおすすめします。

## ■ 株式会社設立費用が20万円以下の業者は慎重に検討を

　会社設立支援事業者の中には、実質手数料0円や、本来必要となってくる定款認証手数料5万2,000円と登録免許料15万円の合計20万2,000円よりも安い値段で会社設立を行なっている会社もあります。

　本来の値段より安くしてでも顧客を囲い込みたい理由の多くは、助成金獲得支援の手数料と会社設立後の税理士顧問契約を期待しているからです。会社設立支援事業者との付き合いはこの1回限りなのでどこでもかまいませんが、経理・財務はこれからずっと関わってくる重要な話です。何の業務が含まれ、追加料金が発生するのは何か、どんな税理士が担当するかまでを確認して、慎重に検討してください。

## ■ 会社設立は通過点に過ぎない

　私は、会社設立支援事業者を利用しました。インターネットで検索をした中で、料金は一般的な金額よりも5,000円～1万円ほど高いですが、自分がかつて外資系戦略コンサルタント時代に常駐していた霞が関にある有名なビルにオフィスを構えている会社を選びました。単純に、会社設立は自分自身がモチベーションの上がる場所で行ないたいという理由だけです。印鑑セットもその会社から2万円で購入しました。申込みもその後のやりとも全部Web上で行ない、書類の押印と、印鑑を引き取るために、初めて霞が関のビルのオフィスに行きました。大きくて綺麗な会議室に案内され、「これこれ！　こういうシチュエーションでやってみたかったんだよね」とテンションが上がる一方で、これから本格的に事業がはじまると緊張したことを思い出します。手続き自体は実に淡々と、正味10分程度で終わりました。

　初めての会社設立でいろいろと考えてしまうかと思いますが、学童保育立ち上げに関する様々な業務とプロセスを考えると、会社設立の

手続き自体に深く悩んだり迷ったりすることに、あなたの時間や労力を使ってほしくありません。会社設立は通過点に過ぎないのです。

●会社設立支援会社のチェックポイント

> ☑ 自分でやるよりも安くなるか？
>   →24万円前後が相場
> ☑ 印鑑購入は必須か？　持ち込みありか？
>   →印鑑3本セットは1万5,000円～2万5,000円が相場で、持ち込みを認めているところが一般的
> ☑ 会社設立後の条件があるか？
>   →法人設立後の税務や労務の顧問契約がある場合には要検討

## ■ 会社設立後に行なう手続き

会社設立後の手続きについても簡単に説明しておきましょう。届出が必要なものは次の通りです。

- 税務署に法人設立届出書等の6つの届出をする
- 都道府県／市区町村に法人設立届出書を提出する
- 労働基準監督署とハローワークで労働保険と雇用保険の加入手続の届出をする
- 年金事務所に社会保険加入の届出をする

これらの届出を行なうことで初めて、社会的に通用する株式会社としての運営がスタートします。

●税務署に届け出る6つの書類

> ①法人設立届出書
> ②青色申告の承認申請書
> ③給与支払事務所等の開設届出書
> ④源泉所得税の納期の特例の承認に関する申請書
> ⑤棚卸資産の評価方法の届出書（任意）
> ⑥減価償却資産の償却方法の届出書（任意）

開始時期：13か月前　必要期間：28日　費用：なし

# 3 「お金がない！」をクリアするベストな資金調達方法

## ■ 民間学童立ち上げに必要な資金はずばりいくら？

　民間学童立ち上げに必要な資金は、ざっと1,000万円です。これは、家賃25万円のオフィス用物件を借りた場合を前提としています（各項目の詳細については後述します）。

　正直、もっと資金が必要だと思いませんでしたか。決していつも銀行口座に入っている金額ではないかもしれませんが、十分準備できる金額です。この項では、資金調達について詳しく説明します。

●民間学童立ち上げに必要な資金

| 必要な資金 | | 金　額（万円） |
| --- | --- | --- |
| 設備資金 | 教室保証金・手数料 | 350 |
| | 内装 | 150 |
| | 家具 | 100 |
| 運転資金 | 備品 | 10 |
| | 保険 | 10 |
| | 宣伝広告 | 100 |
| | 8か月分家賃 | 200 |
| | その他経費 | 80 |
| 合計 | | 1,000 |

## ■ 創業融資は2種類ある

　会社を立ち上げ、学童保育を開校する場合の資金調達手段として2種類の融資制度があります。

　1つは、日本政策金融公庫という政策金融機関が創業者向けに行

なっている「新創業融資」、もう1つが国の機関である信用保証協会が実施している「制度融資」です。地方自治体と信用保証協会指定の金融機関の三者共同により行なわれている融資を「制度融資」といいます。

　普段利用している銀行から借りることはできないだろうかと思われるかもしれませんが、民間の銀行が創業者に直接融資することはまずありません。創業事業に融資することは、銀行にとって返してもらえない可能性が高いからです。そこで国がサポートをしているのです。

## ■日本政策金融公庫「新創業融資」の特徴

①担保と経営者本人の連帯保証が不要

　日本政策金融公庫には「新創業融資」という制度があります。これは、担保と経営者本人の連帯保証が不要で、最大3,000万円までの融資の可能性があります。

②融資実行が速い

　申込みから融資実行までに1か月と短いのが特徴です。早く事業を展開したい経営者には、大きなメリットです。

③自己資金の要件が緩い

　実績がない場合、事業計画書中心の審査になるため、創業時の資金調達では、自己資金の割合が融資条件になることもあります。

　日本政策金融公庫の新創業融資制度では、10分の1の自己資金割合が要件となっています。

　自己資金の要件が緩い分だけ、日本政策金融公庫からは、より多くの額の融資を受けやすくなっています。

## ■信用保証協会「制度融資」の特徴

①金利が低い

　融資の金利はできるだけ低いほうが、起業家の負担は小さくなりま

す。自治体の制度融資には、利子補給制度があり、借入金利息の一部を自治体が負担してくれることがあります。また、「信用保証料補助制度」では信用保証協会の保証料の一部、または全部が自治体負担となる場合があります。それらの制度を活用することで、自治体の制度融資は、日本政策金融公庫の新創業融資制度よりも金利が低いことが大半です。

②融資実行まで時間がかかる

　制度融資は自治体、金融機関、信用保証協会と三者の審査が必要です。そのため、手続きなどで時間を要し、融資実行まで２か月以上、長い場合は３か月ほどかかってしまいます。

　日本政策金融公庫が１か月程度で融資を実行してくれることを考えると、残念ながら時間的なロスはかなり大きいといわざるを得ません。

③自己資金要件が厳しめ

　自治体の制度融資では自己資金要件の基準が高いケースが多いというデメリットがあります。２分の１の自己資金割合を求めていることが大半です。ある程度自己資金に余裕がなければ、自治体の制度融資を利用することは難しくなりそうです。

④基本的に連帯保証人のサインが必要

　日本政策金融公庫は無担保無保証で融資の可能性があるのに対して、自治体の制度融資では連帯保証人のサインが必要となります。経営者が連帯保証人としてのサインを行なうのが一般的ですが、起業家側のリスクがより高くなってしまうことを覚えておきましょう。

■ **どっちがいいの？　日本政策金融公庫ｖｓ信用保証協会**

　民間学童を立ち上げるために、いきなり２つの融資制度を利用するほど資金は必要ありません。どちらか１つでよいでしょう。

日本政策金融公庫と信用保証協会のどちらを選ぶかは、あなたの状況次第です。

　まず、お金において最も大切なことはスピードです。例えば、家賃の保証料を払うことにより、目先の支払いに困るような状況が見えているのであれば、融資の着金が早い日本政策金融公庫です。

　逆に急がないのであれば、金利が低い信用保証協会を利用したほうがよいでしょう。

　私の場合は、最初の白金台校立ち上げときには、当時住んでいた品川区の制度融資の利子補給を活用して信用保証協会を利用しました。金利0.3％でした。びっくりする低さですね！

　その後、茗荷谷校と四谷校を立ち上げ、4校目の表参道校を立ち上げる際に、追加で融資を受けました。このときは港区に住んでいたので港区の制度融資を活用し、信用保証協会を利用しています。このときも金利0.3％。いまは最初の融資を完済して、2つめの融資の支払いを毎月しています（2018年12月現在）。

　そしてさらに、2018年バンコク校を立ち上げる際に、日本政策金融公庫の海外展開資金融資を利用しています。

　融資は、併用も追加利用もできますので資金調達について心配する必要はありません。民間学童の事業計画を立て、あとは地道に取り組んでいけばよいのです。

## ■ 民間学童の融資に関するアドバイス

　ここで、1つだけ覚えておいてください。民間学童立ち上げのために3回の融資を受けた経験上のアドバイスです。

　融資の目的は、設備資金（施設を立ち上げるための内装工事や備品、テナントを借りる際の初期費用）と運転資金（毎月の家賃、人件費、その他経緯）の2つに分かれています。それぞれ、いくらかかるのかを計算して、別々で融資金額の申請をします。

　大切なことは、初めて融資を受ける場合は、全額運転資金として申

### 日本政策金融公庫と信用保証協会の比較

| | 日本政策金融公庫 | 信用保証協会 |
|---|---|---|
| 連帯保証人 | 不要 | 必要 |
| 融資実行までの期間 | 1か月 | 3か月 |
| 自己資金割合 | 10分の1 | 2分の1 |
| 金利 | 2％前後* | 4％以下 |

＊地方自治体の制度融資を利用することでさらに低い金利のみの負担にすることも可能

請したほうが安心だという点です。

　すでに、入居物件が決まっていて、内装工事（必要があれば）会社も決まっているのであれば、その見積もり金額は設備資金として申請すべきです。しかし、実際のところ設備投資の詳細が決まる前に融資申請をしないと間に合わない場合がありますので、すべて運転資金での申請をおすすめします。

　設備資金については、事前に詳細見積もりを提示し、融資後に請求書を提出し、齟齬がないかを確認されるため手間もかかります。

　当時、何もわからなかった私は、購入を予定していた備品の見積書で設備資金を得たものの、途中で購入先や内容を変更したりしたため、融資着金後に運転資金に全額変更してもらう、というイレギュラー対応で、関係者の方にご迷惑をおかけしました。

　信用保証協会の場合は、融資が着金するまでに時間がかかりますので、実際の支払いにはタイムラグがあります。融資申請を運転資金で行ない、ゆとりをもって準備することをおすすめします。

## 4 「社名・屋号」を決めるときの注意点

開始時期：13か月前 ／ 必要期間：3日 ／ 費用：2万円（ドメイン＋サーバー料金）

### ■ 屋号に思い入れや愛着をもつ前にやるべきこと

　開校する半年ほど前までに社名と教室名（屋号）を決めましょう。よい社名を思いつき、あれこれと人に意見を聞く前に、やるべきことがあります。それは、同一社名の有無の確認と、ドメイン検索です。

　社名は、法務局のオンライン登記情報検索サービスを使って調べることができます。また、インターネットで社名候補を検索し、同じ社名がネット上で上位表記されていないかを確認します。上位に表示されているのであれば、今後自社を上位表示させることは困難です。ほかの候補を検討しましょう。

　ドメインとは、ホームページにおけるアドレスで、「www」のあとの表記のことです。日本では「.co.jp」が人気ですが、これは株式会社や合同会社が1企業につき1つだけ登録できるものです。

　ほかにも、「.com」や「.jp」「.tokyo」など様々なドメインがありますが、株式会社や合同会社であれば、圧倒的な信頼の高さとして「.co.jp」をおすすめします。ですから、まずは自分が希望する社名や屋号に関連するドメインが空いているかどうかを確認しましょう。

### ■ 社名と教室名（屋号）を一致させるか否か

　私の経験上、社名と教室名（屋号）は一致させたほうがよいと考えています。私自身、社名と教室名を別々にしてしまったので、正直面倒だと思うことがたくさんありました。例えば、自己紹介のとき。法人の名刺と民間学童の名刺を出すのですが、名前が異なると印象が散漫になってしまうのでよくありません。

　社名と教室名（屋号）を別々にしたほうがよい理由があるとしたら、同一社名で民間学童以外のビジネスも行なう、またはほかのブランド

## ドメインとは

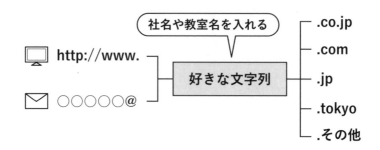

を展開する場合です。

　民間学童一本を行なうための組織であれば、社名と教室名は一致させましょう。もし、ほかの事業やブランドを展開する予定があるのなら、社名と教室名（屋号）を別々にしたほうがよいでしょう。

### ■ 本部と教室名は別アカウントに設定する

　本部（新規問い合わせ用メールアドレス。入会前の方が問い合わせをする際の代表メール）と教室名メール（入会後、普段やりとりをするメール）は別のアドレスにしてください。イメージとしては、次の通りです。

| | |
|---|---|
| 本部のメールアドレス | info@visiongate.co.jp |
| 白金校のメールアドレス | shirokane@visiongate.co.jp |
| 茗荷谷校のメールアドレス | bunkyo@visiongate.co.jp |

　仮に、新規問い合わせと入会後の対応の両方ともあなた一人で行なうとしてもアドレスは分けてください。理由としては、新規の方と普段利用してくださっている方とのやりとりは、頻度や緊急度が異なるため、分けたほうがスムーズに対応できるからです。

> 開始時期：13か月前　必要期間：14日　費用：2万円

# 5 | 実は大きい「ロゴ」の効果

## ■ 民間学童がロゴをつくる3つのメリット

「一度与えた第一印象をやり直すチャンスは二度とない」

これは、最初の印象の重要性を説いた、アメリカのことわざです。

ロゴは、学童が立ち上がってから考えればよい、ロゴは大企業がつくるものだ、などと思っていませんか。私は小さな企業でも、立ち上げのときにロゴを用意することをおすすめします。民間学童がロゴをつくる3つのメリットをまとめました。

### 1．第一印象がよくなる

様々な企業がロゴをもつ理由は、ロゴのビジュアルによってよい第一印象を与えられるからにほかなりません。ビジュアルの有効性は、プレゼンテーションの世界では有名ですが、単なる文字だけで入る情報との差別化も行なえます。民間学童の利用者は、複数の学童保育を訪問・見学します。あとでいろいろと思い出したときに、ロゴから受けた最初のよい印象が残っている場合があります。

### 2．覚えてもらいやすくなる

社名やサービスは覚えていないけれどロゴを見て思い出した、という経験はないでしょうか。子どもに関する教室名は、似たり寄ったりです。保護者に名前を正確に覚えてもらえるのは、子どもが頻繁に通うようになってからです。

弊社のタイ・バンコクの教室は、テナントが400店舗、子ども向け教室も10以上ある大きな駅ビルの商業施設内に開校しています。初めて訪れた保護者の方から「ロゴを覚えていたので、すぐにわかりました」といわれ、ロゴがいかに記憶に定着しやすいのかを実感しまし

---
### ロゴ作成時に配慮したいこと

- □ 想いが伝わるものになっている
- □ 独自性がある
- □ 色に意味がある
- □ 長く使える
- □ 記号としても認識できる
- □ 街中で目立つ
- □ ロゴだけで様になる
- □ ほかと比べても、見劣りしない
- □ アイコンとしても（小さくしても）使える
- □ （使う場所によって）変化させることができる
- □ （様々な人が使う際の）トーン＆マナー＊が設定してある　など

＊必要な余白、色指定、大きさ・比率変更・反転不可等のデザインのバランスを守り、本来のよさを生かすためのルール
---

た。また、民間学童のお客様は保護者であると同時に、子どもたちです。子どもたちが覚えてくれることは、運営上でも重要です。

### 3．差別化になる

ロゴをつくる際、大切なことは、「サービスに対する想い」です。その想いをビジュアルで表現したのがロゴなのです。オリジナルのロゴを認識してもらえることで、ほかとの差別化になります。

## ■ロゴづくりはプロに発注すべきか？

ロゴは、想いを伝え、長く、様々な場面で、様々な人に見られることを想定してつくります。あなた自身に、デザインやロゴに関する知識があるのであれば自力で作成してもかまいませんが、そうでなければプロにお願いすべきでしょう。プロにお願いをすると、上図のようなことに配慮して、デザインをつくってくれます。

インターネットのロゴ制作会社であれば、安くて2万円前後から発注できますので、活用してみてください。自分では気づかなかった視点でデザインを提案してくれるはずです。

| 開始時期：13か月前 | 必要期間：3日 | 費用：なし |

# 6 ビジネスの心のよりどころと価値観をつくる

## ■ 使命や価値観を明確にする

「ミッション・ビジョン・バリュー以外はすべてアウトソーシングできる」

　これは、マネジメントの父と呼ばれた経営学の第一人者P．F．ドラッカー氏の言葉です。他社と同じビジネスをしていても、どんな価値観で、どのような使命感でビジネスを行なっているかで、お客様に与える価値は変わってくる、と説いています。ミッション・ビジョン・バリューという言葉の意味は、次の通りです。

> ミッション：実現したいこと。その組織が存在する意味・使命
> ビジョン　：なりたい姿。組織が目指しているもの
> バリュー　：価値基準。組織の行動指針を決めたもの

　要は、何のために存在し、何を目指して、どう行動していくのかを示しています。
　これは、あなたの学童保育においても同様に必要なことだといえるでしょう。なぜなら、学童保育とは、人によってサービスが提供され、人によって差別化がされます。その人が、どんな価値観をもって、どんな使命感で日々子どもたちや保護者と接しているかが、あなたの学童保育の価値となるからです。

　学童保育サービスは、あなた一人では決してできない仕事です。様々な人が関わり、サービスが提供されます。あなたの学童保育でこれから一緒に働くスタッフには、どんなふうに働いてもらいたいでしょうか。仕事だから働いているのか、未来の宝を育てていると思う

のか、心のありようによって、働く態度も、利用者に映る姿も全く違うはずです。そして、スタッフたちの心のよりどころ・価値観をつくるのが、この「ミッション・ビジョン・バリュー」なのです。

　具体例がないと最初はイメージが湧かないかもしれません。参考までに弊社の「ミッション・ビジョン・バリュー」を紹介しましょう。

---

ミッション：人とコミュニティの変革
ビジョン　：一人ひとりの理想を信じ、実現させる世界を創る
バリュー　：リーダーシップを引き出し、国を変える人材育成に
　　　　　　貢献する

---

「ミッション・ビジョン・バリュー」に、正解はありません。あなたが考えたことがすべてです。
　あなたがこれからつくる学童保育は、何のために存在し、何を目指して、そして働くスタッフには行動してもらいたいか、じっくりと考えてみてください。

| 開始時期：13か月前 | 必要期間：7日 | 費用：なし |

# 7 起業家の意志を決めるプロセス「5か年経営計画」

## ■ 経営計画とは企業にとっての羅針盤である

「経営計画」という固い言葉を見て、びっくりされたかもしれませんが、これから取り組む経営計画づくりとは、船にとっての「羅針盤」をつくるのと一緒です。船は羅針盤があって初めて目的地に到着することができるように、経営とは「経営計画」があって初めて目指す経営ビジョンを達成することができます。これは、個人事業主でも株式会社でも一緒です。

学童保育施設を1つだけ運営していればいい、という方もいれば、最初から複数拠点での展開を視野に入れている方もいるかもしれません。立ち上げて現状維持したい方も、成功し続けたい方もいずれも経営計画は必要となります。

つくり方は、次の5つの手順で、順番に考えていきましょう。

● 「経営計画」作成の5つの手順

> ①ミッション・ビジョン・バリューを明確にする
> ②自社の現状を把握する
> ③近隣の環境を把握する
> ④中期計画を立てる
> ⑤数値目標と行動目標を決める

### 手順① ミッション・ビジョン・バリューを明確にする

経営計画策定の最初のステップは、あなたの学童保育をつくる目的やビジョンといった「ミッション・ビジョン・バリュー」からスタートします（詳しくは105ページ参照）。

### 手順❷ 自社の現状を把握する

　計画段階のものでかまいませんので、現在どのような状態にあるのか確認します。再度確認すべきことは次の2点です。

①ターゲット
「ターゲット」とは、「民間学童のターゲット」と広く考えるのではなく、その中でもどういった層なのかを具体的に考えてください。
　例えば、「表参道エリアに住む、食へのこだわりがある層」といった具体的なものです。

②あなたの強み
「あなたの強み」とは、これまでの経験やもっている資格などです。
　例えば、管理栄養士の資格をもち、給食センターでの勤務経験があるのであれば、この強みを活かし、食材にこだわった手づくりおやつと食事の提供、およびおやつづくりを通した食育活動等のサービスを提供するといったことです。

### 手順❸ 近隣の環境を把握する

　近隣の環境の把握も、学童保育の経営にはとても重要です。なぜなら、あなたがターゲットとしている地域全体の子どもの人数は毎年変化するからです。ただし、変化は人口推移などのデータを確認すれば、事前に予測することができます。さらに、ファミリー向け大型マンションの建設情報も確認しましょう。突然子どもの人数が増える最大の要因です。
　逆に、事前に確認できるネガティブな要因は、その地域の幼稚園が経営転換をし、卒園児を中心とした小学生の預かりをはじめるといった動向です。幼稚園、特に地方の幼稚園では、働く保護者が増えていることもあり、定員割れを起こしている園も多いと聞きます。そこで、0歳児からの受け入れや、延長保育、7歳児のアフタースクールなど、様々な取り組みをはじめているのです。

ある年から急に入会希望者が減ったと思って調べたら、近隣の幼稚園のアフタースクールに通っていた、と事後把握することがないよう、近隣の地域情報は毎年確認しましょう。そして、情報を把握したら、以降の具体的な戦略や目標に反映させていくのです。

### 手順❹ 中期計画を立てる

　中期計画（5か年経営計画）を立てる目的は、将来のあなたの学童保育のあり方を決めることです。あり方とは、さらなる成長を目指して複数の学童保育を設立していくことや、逆に1つの学童保育で、よりお客様の満足度を高めていくこと、もしくは学童保育に関連するそれ以外のサービスを開発・実施していくこと、など様々な選択肢があります。

　中期計画を立てる際に最も大切なことは、目的を達成するためにはどの市場を狙っていくのか、そのためにはどんな組織をつくっていくのかについて、人材採用・育成計画も含めて考えることです。組織をつくっていくのは難しく、そして時間とコストもかかります。でも、その代わりあなた一人でやるよりも、もっと大きなことができます。なお、計画は1年単位で何を実現したいのかを考えてください。

　先ほどの手順②、③をもとに、また、どこで、どんなサービスを展開するかを検討して、5か年経営計画を立てていきます。

　例えば、隣のB地域でも子どもの人数が増えているので、2年目に責任者候補1名を採用して育成し、3年目には2校目を開校する。4年目に責任者候補2名を採用し、5年目に3、4校目を同時に開校するといった展開を計画します。

　そのほかにも、食育をテーマにしている学童保育であれば、1年目には近隣の農場をレンタル契約して、自分たちで野菜や米を育て、収穫する季節ごとのフィールドワークを実施する。2年目は自分の学童保育の子どもだけで実施し、3年目は近隣の競合しない塾や習い事と提携して大規模に実施する。4年目は、魚が釣れる川などを利用し、

さらにフィールドワークの幅を広げる。5年目には季節ごとの食をテーマとしたフィールドワークと、泊まり込みキャンプの実施を目指すといったことです。

あなたが目指す方向性に沿って、外部環境を味方につけ、強みが活かせる戦略を計画することにより、実現できる可能性は非常に高くなります。

### 手順⑤ 数値目標と行動目標を決める

あなたの学童保育の経営ビジョンを達成するために、手順④で策定した戦略に基づいた数値目標と行動目標を作成します。

まず、各年単位での以下の目標を立てます。

なお、ここでは非常にざっくりとした設定となりますが、数字に落とし込みます。実際に物件やサービス、定員が決まったら、収支計画の計算をもう一度行なう必要があります。そのうえで、この5か年経営計画の修正も行なってください。

● 5か年計画で決めておきたい目標

> ①売上（子どもの人数×単価）
> ②スタッフ体制（今後の採用計画含む）
> ③利益
> ④キャッシュフロー（実際に動かせるお金。設立2年間の売上が1,000万円未満の場合は、消費税の納税義務が免除されるので、③と④がほぼ同額と考えてかまいません）＊
>
> ＊3年目以降、もしくは売上1,000万円を超えると、売上に対する消費税分を事業者が納付しなくてはいけません。利益と手元にあるお金のズレの発生や、百万単位での納税が発生する場合もあります。このときまでに、運営の仕組みを整えておきましょう。

収支を明確にして、キャッシュフロー（次の戦略のために動かせるお金）を明確にしたうえで、手順④で作成した中期的な戦略を調整するとより具体的な計画になります。

### ■ 学童保育ならではの注意点

特に、学童保育の5か年経営計画の場合、常に意識しなくてはいけないのがキャッシュフローおよび資金調達です。

そのために、数字で考えるのは経営者としてのあなたの最初の仕事です。理想とする学童保育を立ち上げ、運営し、あるべき理想に向かって続けていくためには、しっかりと利益を上げ、安定的なキャッシュフローを確保していかなくてはいけません。また、外部からの資金調達も経営者の仕事です。そのためには、常に数字で考えていく必要があります。

学童保育を黒字化させるためには、次の4つを意識しなければなりません。

- 何人の子どもを預かる必要があるのか？
- 新拠点・サービスを展開するための人材はいつ採用するのか？
- 新拠点・サービスが黒字化するためには、何か月を要するのか？
- そのためには、既存の施設で毎月いくらの利益が最低限ないといけないのか？

難しく考える必要はありません。1つひとつを分解して考え、仮でもいいので数字を設定します。そして、実際に学童保育の運営がはじまったら、計画を見直します。どういう目標を掲げ、そのためにどんな前提を置いて計画を立てたのか。実際には、前提のどこがズレていたのか。合っていたのか。

これを繰り返しながら、あなたの学童保育とあわせて、あなた自身が起業家として成長していくのです。

### ■ 日本政策金融公庫の「事業計画書」（参考）

日本政策金融公庫のホームページに掲載されている「事業計画書」を紹介します（112～113ページ）。

# 事業計画書

1．現況、新商品の開発または新役務の内容、課題・重点取組項目、具体策

《現況（創業の場合は創業する目的、動機）》

《新商品の開発または新役務の内容》

| 経営上の課題項目<br>（創業の場合は、重点取組項目）<br>〔該当項目に○またはチェック〕 | | | 課題項目または重点取組項目を踏まえた具体策 |
|---|---|---|---|
| 経営全般 | | | |
| | | 経営戦略の策定 | |
| | | IT化の遅れ | |
| | | 事業の「選択と集中」 | |
| | | 事業承継・後継者問題 | |
| | | その他（　　　　　） | |
| 売上・収益 | | | |
| | | 業力の強化 | |
| | | 販路拡大 | |
| | | 市場の競争激化 | |
| | | 商品開発力 | |
| | | 採算分析 | |
| | | 原価・経費の削減 | |
| | | その他（　　　　　） | |
| 人材・マネジメント | | | |
| | | 管理者層の育成 | |
| | | 必要な人材の採用 | |
| | | 店舗マネジメントの向上 | |
| | | その他（　　　　　） | |
| 財務 | | | |
| | | 設備投資計画の策定 | |
| | | 資金繰り計画の策定 | |
| | | 売掛金の回収期間長期化 | |
| | | 在庫の削減 | |
| | | その他（　　　　　） | |
| その他 | | | |
| | | （　　　　　　　　） | |
| | | （　　　　　　　　） | |

## 2. 業績推移と今後の計画

(単位：万円)

| | 前期実績 ／ 期 | 今期見込 ／ 期 | 計画1期目 ／ 期 | 計画2期目 ／ 期 | 計画3期目 ／ 期 | 最終目標 ／ 期 |
|---|---|---|---|---|---|---|
| 売上高 | | | | | | |
| 売上原価 | | | | | | |
| 　　A うち減価償却費 | | | | | | |
| 売上高総利益 | | | | | | |
| 販売管理費 | | | | | | |
| 　人件費 | | | | | | |
| 　　うち役員報酬 | | | | | | |
| 　B 減価償却費 | | | | | | |
| 営業利益 | | | | | | |
| 人材・マネジメント | | | | | | |
| 　営業外収益 | | | | | | |
| 　営業外費用 | | | | | | |
| C 経常利益 | | | | | | |
| 特別損益 | | | | | | |
| 法人税等 | | | | | | |
| 当期利益 | | | | | | |
| 総資産 | | | | | | |
| 総負債 | | | | | | |
| 自己資本 | | | | | | |

## 3. 借入金・社債の期末残高推移

| 調達先 | 前期実績 ／ 期 | 今期見込 ／ 期 | 計画1期目 ／ 期 | 計画2期目 ／ 期 | 計画3期目 ／ 期 | 最終目標 ／ 期 |
|---|---|---|---|---|---|---|
| 既存借入金 | | | | | | |
| | | | | | | |
| | | | | | | |
| | | | | | | |
| 小計 | | | | | | |
| 社債 | | | | | | |
| 新規借入金 | | | | | | |
| D 合計 | | | | | | |

## 4. 計画終了時の定量目標および達成に向けた行動計画等

《定量目標》

《行動計画等》

《定量目標》

《行動計画等》

ステップ② 起業の一歩を確実にする「事業計画策定」

すべてを記入する必要はないですが、5か年経営計画を考えるうえで大切なことは、あなたのビジョンとそれを実現するための具体的な取り組み、売上、キャッシュフロー（実際に動かせるお金）を計画することです。そのためには、事業計画書が欠かせません。

　例えば私の場合、起業したときから海外でも展開したいと考えていました（5年ではできず、9年かかりました）。

　「海外で事業を展開する*」というビジョンを実現するためには、どんな価値を提供する仕組み（＝人材育成や会社の制度という具体的な計画）が必要で、国内の売上がどのくらいないといけないのか（＝海外の予測不能な状況に耐えられるようにしておくための体力）、手元にお金がいくら必要なのか（＝もしくは外部から資金調達しなくてはいけないのか）という項目だけは、常にエクセルにまとめて、毎年書き換えています。このように、ビジョンと具体的な取り組みを数字で考えることで実現させることができるのです。

　あなたの起業家の意志を決めるプロセスとして「5か年経営計画」づくりに取り組んでください。

*海外事業の損益は、国内事業には参入されません。詳しくは、専門家に確認してください。

# 後悔しない「教室づくり」

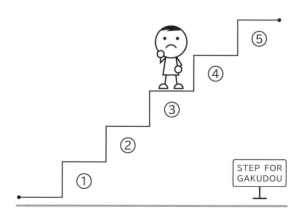

| 開始時期：13か月前 | 必要期間：1日 | 費用：なし |

# 1 | 不動産業界について リサーチ前に知っておこう

## ■ 民間学童開校までの全体像

　開校については、プレオープンとグランドオープンの2段階に分けて考えます。プレオープンとは、体験イベント・説明会を開始し、すぐに利用したい保護者がいたら営業を開始することをいいます。現在、小学生の子どもをもつ家庭の多くは、すでに学童保育を利用していますので、プレオープン時にすぐに利用者が増えることはありません。何かの事情で学童を変える必要がある方や、仕事の事情で急に利用しなければならなくなった方があなたの学童保育の利用を検討する可能性があります。プレオープン時の利用者数は本来の定員の1〜2割もいないと思いますが、この少ない人数で営業しながら、不便なところやもっとよくできるところを修正し、本格的に営業がはじまるグランドオープンに備える重要な期間となります。

　グランドオープンは、4月1日です。新1年生を中心に大勢の子どもたちが利用を開始します。

　なお、具体的な計画が決まったら、プレオープンの準備を一刻も早く、段取りよく進めることが大切です。なぜなら、学童保育業界は、いままさに伸びている市場です。顧客の需要に対して、学童保育施設の供給は追いついていません。早く参入することで、自分の理想とする場所を確保し、プレオープンで保護者にアプローチすることができれば、アドバンテージを取ることができます。

## ■ 不動産会社の選び方

　物件選びはとても重要です。なぜなら、集客が成功するか否かの半分は、場所にかかっているといってもよいからです。

## グランドオープンまでの準備リスト

**〜4月（プレオープン6か月前）**
- 物件リサーチ＆内覧
- ドメインの取得

**7月**
- 不動産契約締結（物件次第）、電話工事依頼
- 内装工事見積り＆決定
- 受注生産家具発注

**8月（プレオープン1か月前）**
- 不動産入居開始、内装工事開始
- 電話工事完了・電話番号番号決定
- ホームページ製作依頼
- 決済システムの手続き

- Googleマップ登録
- 郵便登録

**プレオープン3週間前**
- 名刺・チラシの発注

**プレオープン1週間前**
- 大型家具搬入、備品搬入、挨拶まわり、チラシ配布
- 入会規約・入会申込書作成、保険の検討

**9月（プレオープン）**
- 体験イベント＆説明会開始（9月が理想）
- 平日は希望者がいれば学童保育開始
- 満席になるまで、体験イベント＆説明会を定期開催

→ グランドオープン

ステップ③ 後悔しない「教室づくり」

しかし、どんなにマーケティングポテンシャルが高く、かつ競合もいない、ホワイトスペースを見つけたところで、開校できなければ全く意味がありません。とにかく、できる限りのことをして、物件を見つけ、契約しなければならないのです。そのためには、不動産会社とうまく付き合っていく必要があります。ここでは、不動産業界の仕組みと、物件情報がどのように流通しているのかを説明します。これらを知ったうえで、あなたの地域ではどんな不動産会社を選び、付き合えばいいのか判断してください。

## ■借りたい物件は管理会社にコンタクトを

物件の情報は、「レインズ（REINS：不動産流通標準情報システム）」と呼ばれるシステムによって全国の不動産業者間で流通・共有されています。レインズに載っている物件情報は、不動産流通機構に会員登録している不動産業者で閲覧可能となっていますので、不動産業者を選ぶことなく、入手できるはずです。

しかし、不動産業界には、もっている情報に格差がある、いわゆる「情報の非対称性」が存在することが公的に認められている2つの理由があります。

1つは、どの不動産業者に物件の広告を許可するかどうかは物件のオーナーが決めることができるという点です。もし、あなたの条件に合った物件があり、そのオーナーが不動産業者Aにしか広告の許可を出していなかった場合、あなたが不動産業者Bとしか付き合いがなければ、その物件にはなかなかたどり着けないでしょう。

さらにもう1つは、レインズへの登録までの時間差を利用して非公開の期間をつくれるという点です。不動産業者は、オーナーと契約後「一定期間内」に物件をレインズに登録するという法的なルールがあります。この「一定期間」とは、休業日を除く7日以内（契約によっては5日以内になることもあります）です。つまり、週休2日の不動産業者の場合、最大9日間の猶予があるのです。この9日間をフル活用して「非公開」期間をつくります。特に、人気エリア、人気物件で

## 不動産業界の「情報の非対称性」

### ❶広告の許可による非公開

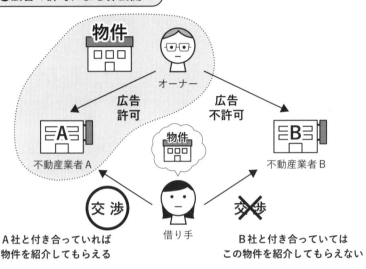

### ❷時間差による非公開

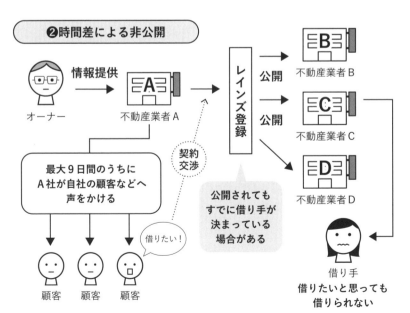

あれば、この時間差を使って、その不動産業者がかかえる顧客にまず情報を流して、レインズ登録と同時に契約を決めてしまうことが公的にも可能なのです。

「どうしてもここに入居したい！」という物件があるのであれば、いま付き合っている不動産業者には頼まずに、その物件の管理会社（必ず物件の玄関や窓に連絡先が明記されています）に自分で直接コンタクトを取ってみてください。

### ■ 物件情報が少ない地域では「元付け」にアプローチする

不動産会社にも、大きく2種類の会社があります。

1つは、部屋を借りたい、不動産を買いたい、という顧客をサポートする「客付け」です。つまり、「お客様を連れてくる側の仲介業者」のことを指します。普段、あなたが実際にやり取りしている仲介業者は「客付け」です。

そしてもう1つが、オーナーの空室を埋めたい、物件を売りたい、をサポートする「元付け」です。こちらは、「オーナーの空室を埋める仲介業者」のことを指します。マンションやアパート、ビルなどのオーナーとのやり取りがメインです。仲介手数料も、オーナー（貸主）側からもらいます。

経験上、どうしても出店したいエリアがあり、物件があるにもかかわらず紹介される物件が少ないようであれば、この「元付け」会社が、先ほどの2つの理由により物件を押さえている可能性が高いです。

なかなか物件が出回ってこないようであれば、その地元で歴史が長い不動産会社とも付き合ったほうがよいでしょう。なお、歴史の長さは、不動産会社の店内に表示してある免許証番号から、不動産会社の免許権者（国土交通大臣か都道府県知事か）と免許の更新回

●不動産会社の免許証の標識

| 宅地建物取引業者票 | | |
|---|---|---|
| 免許証番号 | 国土交通大臣<br>知事 （　）第　　　号 | |
| 免許有効期間 | 　年　月　日から<br>　年　月　日まで | |
| 商号又は名称 | | |
| 代表者氏名 | | |
| この事務所に置かれている専任取引士の氏名 | | |
| 主たる事務所の所在地 | 電話番号　－　－ | |

数を確認することができます。

## ■ 仲介手数料無料の不動産業者との付き合い方は慎重に

　仲介手数料無料の不動産業者もたくさん存在します。スタート時はとにかくコストを抑えたいものです。ましてや、仲介手数料が家賃の1か月分となると金額も小さくありません。しかし、仲介手数料無料の不動産業者を利用するかどうかは、その仕組みとメリット・デメリットを理解したうえで決めてください。

　先ほど、「客付け」と「元付け」の違いを説明しましたが、これはあくまでも役割の話で、「不動産業者Aは客付け専門の会社」「不動産業者Bは元付け専門の会社」と明確に決まっているわけではありません。駅前の不動産屋でも、オーナー側の立場に立って、「元付け」を行なうことはあり得ます。そこにフラッとその物件を気に入るお客さんが訪れる場合もあるわけです。これを、不動産業界では「両手」と呼んでいます。

　両手取引の場合、次ページ図のように仲介手数料は、借り手側とオーナー側のどちらからももらえるので2倍となります。
「仲介手数料無料！」と謳う不動産会社は、この両手取引を利用しています。つまり、本来は契約が成立すればオーナー側からも借り手側からも得られる仲介手数料を、オーナー側にのみ請求し、借り手側からはもらわないようにするのです。

　この仲介手数料無料の不動産会社の立場になって考えてみてください。借り手側に5つの物件を紹介したものの、実は元付けとなっている物件がその中に1つあったとしたら、この元付け物件が決まるように誘導したりはしないでしょうか？

　私自身、1校目の物件と2校目の物件は仲介手数料無料の会社を利用しました。

　ところが、2校目の物件 ―― 正しくいえば、2校目の最初の物件 ―― は、不動産トラブルに巻き込まれ、入居2か月で撤退。その契約に至るプロセスで利用制限を言った言わないの問題や、過去にあっ

## 不動産仲介の仕組み

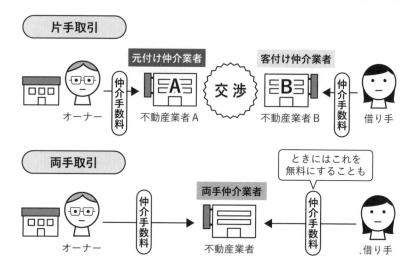

たその物件でのトラブルを知らされていなかったなど様々なことがあり、弁護士を介して係争直前にまで発展しました。この事件発覚後に担当された方は会社を退職。また、次の物件がなかなか決まらずに、毎晩近隣を歩き回ったことや、過去のトラブルを知る人の証言を取りに行ったことなど、なかなかの経験をしていまに至っています。

　仲介手数料無料の不動産業者は、業界の仕組みを利用して、消費者に利益を還元している素晴らしい会社であることは事実です。

　一方で、必然的にオーナー寄りのインセンティブが働くことは確かなので、このリスクがあることをしっかり理解したうえで、付き合ってください。

開始時期：13か月前　必要期間：196日　費用：なし

# 2 オーナーに敬遠される「子ども向けビジネス」

## ■ 子育てに厳しい日本の事情

　具体的な物件探しの前に覚悟してもらいたいのは、「子ども向けビジネス」は、確実に物件のオーナーから敬遠されるということです。オーナーだけが悪いわけではありません。日本の社会全体が子育てには厳しい傾向にあるからです。

　日本では子どもの年齢制限をしているレストランがあります。また、電車などの公共交通機関で自分の子どもが泣き出して、とても居心地の悪い思いをされた方もたくさんいるでしょう。社会全体が「子ども＝騒ぐ」として敬遠している状況においては、物件のオーナーたちからも、やはり敬遠されます。

　例えば、物件候補が10件あるとして、不動産会社からオーナーに内覧できるか意向を確認してもらうと、内覧できるのはたった3件程度です。7割ほどは、「子ども不可」という理由で断られます。そして、内覧をさせてもらい、申し込もうとすると、「子どもは静かにしていますよね？」と確認されるわけです。

　当然、「音楽教室ではないので楽器は使わないけれど、学童保育なので子どもは遊びますから静かにはしていないですよ」と回答すると、3件中2件は断られます。

　このように、子ども向けビジネスの物件探しは難航します。時間と心の余裕をもって、取り組んでください。

## ■ よい物件でも「スケルトン」は見送るのが無難

　最初に知っておくべき不動産業界用語は、「スケルトン」です。もし、不動産会社から、「物件が見つかりましたけど、スケルトンでもいいですか？」といわれたら、残念ですが断ってください。

ステップ③　後悔しない「教室づくり」

「スケルトン」とは、内装など造作する前の状態の貸店舗のことです。内装などが何もなく、コンクリートのうちっぱなしが広がり、床も天井もなければ、電気の配線も全くありません。すべてを借り手側が施工する必要があります。

また、法人用の不動産契約では、借り手側が賃貸契約終了時に、物件を借りたときの状態に戻して返却するのがルールです。ですから、スケルトンで借りて内装や造作を施し、明け渡すときはまたスケルトンに戻すと、軽く見積もっても1,000万円以上はかかります。

初めての学童保育施設の立ち上げで、スケルトン状態から教室をつくる必要はありません。オフィス用物件を借りて、そこに手を入れるだけで十分です。

新しくできるビルやマンションのテナント誘致、大型施設内ではスケルトンの貸し出しが一般的ですので、立地がよくてもスケルトン物件の場合は、学童保育を初めて立ち上げる方はできれば見送ってください。

### ■目玉物件はないと考える

不動産会社に伝える希望は、優先順位を決めて、条件は少なめにしてください。先ほど説明した通り、候補となった物件の10件中7件は断られる可能性が高い世界です。希望条件は最低限にして、まずは候補をたくさん提示してもらい、その中で相場観をもちながら選定するとよいでしょう。

不動産探しにおいて、目玉物件はないと考えたほうが無難です。エリアによってある程度の相場が決まり、その中でさらにビルのグレード等により賃料が決まります。どんなにたくさん物件を見たところで、奇跡の物件に巡り合えることはなかなかありません。

ちなみに弊社の希望条件は、希望エリアと、最寄り駅から徒歩5分以内、部屋の広さ100㎡前後、専用施設内での男女別トイレあり（なければ造作可能）のみでした。この希望条件は、ステップ②で完成させた、あなたの基本計画に合ったものを伝えてください。10人程度

の少人数制学童をするのであれば100㎡は不要です。また車通勤が一般的な地域であれば最寄り駅からの距離にこだわる必要はありません。逆に、駐車スペースがあるといったことが重要になるかもしれませんね。

あとは、物件を実際に内覧して、そこで気になったことが変更可能かどうか、優先事項として高いことなのかどうかを判断すればよいでしょう。

子どもの安全・安心という目線で物件を見ていると、とても細かいことが気になります。例えば、弊社の表参道校では、エレベーターを出るとすぐに専用フロアの踊り場と、教室の玄関（常に施錠）があります。さらに、玄関とは別に、外への非常階段へと通じるドアがあります。大人の目が行き届かない場所で、子どもだけで外に出ることができるのは万が一を考えるととても危険です。危ないから借りない、というのも1つの選択ですし、運用で補えるのではないかと考え、対策を練って、措置を講じることもできます。

実際に、このケースでは、非常口のドアを子どもの力では開かないけれど大人であればどんな状況でも簡単に開けられるような措置を施すことをオーナーと、その地域の消防署から許可をもらって運用しています。

また、広さの目安ですが、厚生労働省『放課後児童クラブガイドライン』では「児童1人あたりおおむね1.65㎡以上」とされています。最低限、この基準は守っていただきたいですが、1人あたり1.65㎡は本当に狭いです。これが公設公営、公設民営の学童保育の実態ですので、1人あたりのスペースがこの基準よりも広いだけでも、あなたの学童保育のアドバンテージになるでしょう。

> 開始時期：9か月前　必要期間：14日　費用：1,000円（交通費）

# 3 ｜ 内覧時に必ず確認すべき10のチェックポイント

■ 妥協できない建物の構造にまつわる確認事項

　内覧できる物件が見つかったら、次の10項目は必ずチェックしてください。

---

①建物構造（S造であれば、②を特に確認）
②隣・上下階の部屋への声、音、振動音の響きやすさ
③耐震構造
④禁止事項・使用制限の有無
⑤過去の入居トラブル
⑥水回り（トイレ、ミニキッチンの増設は可能か）
⑦電源の場所、容量、電源設置場所の追加は可能か
⑧エレベーターのスイッチの高さ
⑨ゴミ捨て場とゴミ出しのルール
⑩看板置き場の有無

---

　チェック項目①〜③は建物の構造に関わる話です。ここは絶対に妥協できません。

　民間学童が入居するうえで、近隣との間で最も多いトラブルは音に関する問題です。奇声をあげて騒いだり、共用部分で泣き叫んだりといったことは、気をつければ防げます。しかし、一番困るのが、子どもが普通に遊んでいるだけの音がクレームになるケースです。この場合、そもそもの建物の構造に原因があります。

　建物構造の種類で、代表的なものをピックアップしました。

・W造（Wood）：木造

- Ｓ造（Steel）：鉄骨造
- ＲＣ造（Reinforced Concrete）：鉄筋コンクリート造
- ＳＲＣ造（Steel Reinforced Concrete）：鉄筋鉄骨コンクリート造

　特に気をつけなくていけないのが、Ｓ造（鉄骨造）です。Ｓ造とは、柱や梁など骨組に鉄骨を使用した構造のことです。木造の柱がそのまま鉄になったものをイメージするとわかりやすいと思います。一口に鉄といっても、人工的に強度を高めたものを使用しているのが特徴です。

　Ｓ造の中には重量鉄骨造と軽量鉄骨造の２種類があります。賃貸物件の建物構造にもこの表記がなされていることは多いと思います。鋼材の厚みが６㎜以上のものを「重量鉄骨構造」、６㎜未満のものを「軽量鉄骨造」と呼び、前者は主にビルや高層マンションなど大規模建築物をつくる際に、後者は一般住宅や小規模店舗などで用いられるケースが多いです。

　この鉄骨造の何が問題なのかというと、防音性が低い物件が多い点です。床や室内の壁面にグラスウールなどの吸音材や緩衝材などを使用して、吸音性を高めることによって室内の防音性を高めることができます。しかし、防音性を求めるなら、Ｓ造の物件は選ばないほうが安心です。Ｓ造自体が防音性の高い構造ではないからです。

　防音性が高い鉄筋コンクリートなどは、壁の間にコンクリートが詰められているため、壁を叩いても音が響きません。

　複数テナントが入るビルに入居する場合は、ＲＣ造（鉄筋コンクリート造）またはＳＲＣ造（鉄筋鉄骨コンクリート造）の物件を探しましょう。

　どうしてもＳ造で気になった物件があった際には、まず上下階のテナントの業種を確認します。コンビニエンスストアや美容院など、常に音楽がかかっているテナントであれば問題ない場合もあります。もしオフィスであれば、不動産会社に依頼して、上下のフロアにあるオフィスに入室させてもらって、生活音や振動の響きやすさを確かめて

ステップ③　後悔しない「教室づくり」

ください。スキップしたり、ジャンプした程度でも音が反響するようであれば、入居は見合わせてください。

また、ビルの耐震性も重要確認事項です。震度7でも倒壊しない基準である「新耐震」であることが望ましいです。なお、昭和56年以前は旧耐震基準で耐震診断は不要となっています。しかし、東京都の場合は条例により、幹線道路に面した建物については、すべて耐震診断が必要で、診断結果を受けての建物の補強も完了済みですので安心です。

緊急輸送道路等の幹線道路の沿道にある建物の耐震診断受診の義務化や補強のための補助金の支給は、長野市や川崎市でも実施しています。あなたが開校を考えているエリアの地方自治体でも同様の取り組みがないか確認してみてください。

■ トラブルの種は消しておくこと

学童保育の場合、不動産トラブル発生の種は、オーナー側の不動産仲介会社が、学童保育という業種を理解していないことにも起因します。学習塾のようなものをイメージしていて、子どもが走り回ることを想定していない場合は、入居後に間違いなく上下のテナントとのトラブルが発生します。

そうならないためにも、禁止事項や使用制限の有無については具体的に確認してください。また、過去の入居トラブルの有無も確認しておきましょう。

■ 足りないものは造作する

規模にもよりますが、定員20名以上の学童保育施設であればトイレ2つ、子ども用の手洗い場、夕食を提供するためのミニキッチンはほしいものです。しかし、オフィス用物件の場合、最初からすべてがそろっているのは稀です。その場合は、内覧時に造作が可能かを確認しましょう。

経験上、トイレや水回りがあれば、そこにつなげる形で新しいトイ

レも手洗い場も物理的には造作可能です。原状回復を前提に造作を許可してもらえることがほとんどですが、内覧時に必ず不動産会社に直接確認してください。

電源の場所や電気の容量も確認してください。特に食事をつくる際、ＩＨ型電気調理器２個と電子レンジを同時に使うとブレーカーが落ちる等の制約がおそらくあるでしょう。

完璧な物件はありません。水回りは造作可能か、電気容量については仮に制約があってもオペレーションが回るかどうかを確認します。

## ■意外と盲点！　子どもの手が届く「高さ」の問題

大人だと意識が回らないのが、エレベーターのスイッチの高さです。新１年生の４月１日時点で、身長100㎝になったばかりの子どもも少なくありません。その子が背伸びをしてなんとか届くのが、床下から115㎝＋αの高さです。

送迎をしない学童であれば、子ども一人でエレベーターに乗れるか、エレベーターの外と中のスイッチの高さ、そして借りようとしているフロア階数ボタンまでの床下からの高さを確認してください。もしも120㎝以上あれば、子ども一人では入室することができません。その場合は、一時的にエレベーター内に踏み台を置いてもいいかどうかの確認をしてください。

## ■ゴミ捨てルールも内覧時に確認しよう

共用部分の使い方も、内覧時に確認しましょう。入居後、すぐに必要になるのがゴミ捨て場です。ビル内にゴミ捨て場があるのか、自治体のゴミ集積所を利用するのか、そしてどのようなルールがあるかも確認してください。自治体が販売するゴミ処理券やゴミ袋を利用して捨てるだけでいいのか、個別にゴミ収集業者と契約しなくてはいけないのかといったことは、運営において非常に重要です。個別にゴミ収集業者と契約するとなると月額１万円前後の費用が発生します。

■ マーケティングにも役立つ「置き看板」の設置

「置き看板」を知っていますか。置き看板とは、1階の玄関前に置いてある看板を指します。「スタンドサイン」とも呼ばれ、縦長のものがスペースを取らないため主流です。

営業中に設置し、営業が終わったら屋内に片づける（夜間は置きっ放しにしない）というルールが一般的です。また、物件によっては、すでにスペースがいっぱいのため、置き看板を置く場所がない、と断られるケースもありますので確認してください。

置ける場合でも、置き看板の大きさ・デザイン等については、物件のオーナーの指示に従ってください。ビルによっては、外観のイメージを統一したいため、事前に看板のサイズとデザインを提出し、オーナーの許可をもらわなければならないところもあります。

置き看板の製作料金は、素材によって異なります。安いものだと、アルミ製で2万円台からデザイン料込みで製作可能です。ただし、3〜4年で錆が発生します。錆にくく、かつ倒れにくく、見た目も高級感ある素材であれば費用は10万円前後となります。

置き看板にリーフレットラックを取りつけるのもおすすめです。毎月の体験イベントや説明会などのタイムリーなインフォメーションをまとめたチラシをそこに入れておくと、場所にもよりますが1日で5〜10枚はなくなります。

日本人は恥ずかしがり屋なので、人から受け取ることには抵抗がありますが、誰もいないと資料をもらっていく人が多いのです。地味ですが、とても有効なマーケティング手段です。

また、置き看板が置ける場合には設置料金についても確認してください。これまで置き看板でお金を取られる物件は見たことがありませんが、念のため確認しておいたほうがよいでしょう。

■ 遠くからでも行き交う人の目に入る「袖看板」

建物の横壁に設置されている看板を袖看板と呼びます。遠くからでも目立つので、袖看板の設置場所が1〜2階ほどの高さで、人の目に

## 置き看板と袖看板

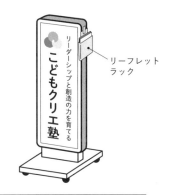

置き看板

ビルの入り口に置く看板。リーフレットラックをつけてチラシを自由に持ち帰れるようにしておくとマーケティング効果が高まる

袖看板

ビルの壁に取りつける看板。遠くからでも目立つ。設置はもちろん、定期的に中の電球をの取り替えにお金がかかるため、設置は慎重に

つきやすい場所、かつ、設置料が無料であれば出したほうがよいでしょう。3階以上の高さになると、意識しない限りは見上げてはくれない可能性が高いです。費用対効果をよく検証してください。

　袖看板の設置工事には置き看板よりもお金がかかります。なぜなら、事前に届出をして、道路を占拠したうえで、クレーン等で引き上げて設置するからです。この人件費だけでも10万円前後の費用が発生します。

　さらに、袖看板は一度設置したら終わりではありません。数年に1回、電球の交換が発生します。ＬＥＤを選べるのであれば、高くても長寿命なＬＥＤで設置しましょう。

　そして、袖看板の月々の設置料は、無料のところもあれば、家賃と

は別に月額2〜3万円前後かかる場合もあります。物件のオーナーに確認してください。

## ■「言った言わない問題」を避けるために

　検討に際して必要な10項目はすべて内覧時に確認しますが、それと同時にしっかりと後々のために記録として保存することが重要となります。

　言った言わない問題から、移転を余儀なくされ、弁護士を立てての係争直前までの経験をした私の立場としては、すべて録音するのがおすすめです。これは担当していただいた弁護士の方に、同じ問題を起こさないためにアドバイスされたことでもあります。

　相手の前でメモを取って、つど復唱するという方法でもよいですが、すべてこの方法で行なうには手間と時間がかかります。ですから、ICレコーダーを洋服につけて内覧中については会話をすべて記録し、契約が進めば保存する、という形に私はしています。無断で録音しても法律的に問題はありませんし、相手の承諾のない録音でも証拠として採用はされますが、「メモ代わりに録音させていただきますね」と一言断りを入れたほうがよいでしょう。

　設立したばかりの企業で、ましてや学童保育を行なうとなると、どうしても利害関係上、最も弱い立場に置かれます。

　だからこそ、自分の身は自分で守ってください。それが将来、あなたの学童保育で預かる子どもたちと保護者の仕事と家庭を守ることへと繋がるのです。

## 4 | 保証金・契約期間・特約の3つは細部まで確認する

開始時期：9か月前 / 必要期間：14日 / 費用：275万円

### ■ 不動産契約における3つのポイント

不動産契約に際しては、少なくとも50ページ以上にわたる契約書と重要事項説明書の内容を理解したうえで、サインすることとなるでしょう。

ここでは、法人としての不動産契約の場合、個人契約とは大きく異なる「保証金」と「契約期間」、そしてあなたとの契約のためだけに設けられた、法律的にも重要度が高い「特約」について説明します。

### ■ 個人契約と異なる保証金相場

「保証金」は、物件情報には家賃・共益費とセットで必ず明記されている項目です。これは、住宅の賃貸契約でよく聞く敷金と同じです。滞納した賃料や原状回復時に使われる金銭のことであり、残額は退去時に返還されます。

事務所や店舗といった事業用の場合、そもそも月々の賃料自体が高いため、必然的に額も高くなります。

平均的な保証金の額は、家賃3～6か月分ですが、これは地域の相場よりも坪単価が高いビルほど高くなる傾向があります。

ちなみに、弊社が現在契約中の物件の保証金は、2～10か月分と物件によって大きく差があります。

保証金は、契約締結日の前日までにオーナーが着金を確認できていることが前提となります。相当な額の用意が必要となりますので、事業計画、特にキャッシュフローには要注意です。

### ■ 個人契約と異なる解約通知期間

借りる前から退去の話でピンとこないかもしれませんが、退去時に

は通知が必要です。契約を更新せず、退去を決めた賃借人は、基本的に決められた期間までに解約通知が必要となります。言い換えると、通知してから一定期間が経過しなければ出て行けないということです。それを満たさないと、違約金を支払うことになります。

ほとんどのオフィス用物件の場合は、解約通知は6か月前です。住宅では1か月前の通知が一般的なので、それと同じだと思い込んでいると余計なコスト（違約金）が生じます。また、退去するときは、原状回復をして明け渡すこととなりますので、その費用も見積もったうえで計画を立てる必要があります。

### ■ 契約書で一番確認すべきことは「特約」の内容

「特約」とは、雛形からつくられた条文に加え、その契約のために特別に設けられた項目のことです。ほとんどの契約書の条文は、どこの企業と契約をしても全く同じ内容となりますが、この特約事項だけは、あなたの契約に際して、特別に盛り込まれた内容です。

多くの場合、原則以上の負担を借り手側に求める内容となっています。ですから、しっかり内容を確認してください。また、表現や内容に納得がいかないのであればしっかりと交渉してください。特約内容を曖昧なままにして契約することは、あなたの学童保育の将来を危うくする行為です。

具体的な事例については、224ページをご覧ください。

過去に私がもめたときの不動産会社の担当者は、いつも私からのメールでの質問に対して、電話で回答する方でした。いち早く電話で知らせてあげたい、という仲介会社の営業担当の方は多いと思います。その場合は、あなたが電話で話した内容をまとめて、「もし齟齬があればメールにてご教示ください」とメールを送り、今後のために保存しておいてください。

主に学童保育という用途で、特約として書かれることは次のような内容です。

> 1．利用制限・禁止行為
> 2．フリーレントとフリーレント利用後の解約の違約金
> 3．造作・原状回復・買取
> 4．保証会社への加入

　これらについて、具体的に確認していきます。

## 1．利用制限・禁止行為

　室内での楽器使用や共有スペースで騒がない等の内容は特約に盛り込まれていることが多いです。楽器の使用を考えている方は、内覧する時点で相手に伝えて、問題ないか確認してください。楽器の使用は、通常のオフィス物件では許可されるケースは稀かもしれません。

　問題なのが、室内での音に関する表現です。

　弊社のケースですが、トラブルのあった物件での特約には次の文面が盛り込まれていました。

「乙（借り手）が貸室を使用する上で本建物内の他入居者より騒音等に対して苦情等が出た場合は、すべて乙の責任と負担で騒音防止等の対処をするものとする」

　当たり前の内容ですが、この内容が特約として盛り込まれている時点で、何か疑ったり、次のような点について確認したりすべきだったなといまは思います。

- 騒音というのは、具体的に何を指すのか？
- 子どもたちが普通に日常生活や遊びをしている音は、騒音とはいわないという認識で間違いないか？
- 過去に、何か音に関しての苦情や問題がこの物件であったのか？

　入居して、問題発生後にわかったことですが、この物件には、弊社が入居する以前にも子ども教室が入居していて、音の問題が起き、物理的に対処することができず退去した、という過去がありました。

　特約に関しては、①内容を曖昧なまま理解しないで、何かあるかも

しれない、と疑う目線をもって確認すること、②少しでも疑いの余地があったら、メールで相手に質問して履歴を残すこと、この2つを行なうとよいでしょう。

## 2．フリーレントとフリーレント利用後の解約の違約金

オフィス物件では、大体の物件にフリーレントがついているため、特約の中でもフリーレントに関する内容は必ずあります。

フリーレントとは、一定期間の賃料が無料になるシステムを指し、免除される期間、共益費の扱い、違約金の大きく3つについて決められています。見落としがちなのが、賃料が無料となっていても共益費は有料になっている場合が多いということです。グレードの高いビルだと、共益費が月10万円前後かかるところもあります。フリーレント期間中は全く支払わなくていいと思い込んでいると、初期費用の計画がズレてきますので気をつけてください。

また、フリーレントがある場合には、一定期間の賃貸契約が前提となります。例えば、フリーレント3か月間で契約期間2年間の場合には、これより前に解約する場合には、フリーレント分の家賃も支払わなくてはいけません。

## 3．造作・原状回復・買取

造作とは、図面に書かれていない内装工事すべてを指します。学童保育の場合は、トイレや手洗い場をつくる、エアコンを新たに設置する、玄関にインターフォンを取りつける等が対象となります。これらについては、不動産会社の事前許可が必要です。

例えば、トイレを増設したら、退去時には撤去して原状回復しなくてはいけません。造作などの買取請求権の拒否とは、こうした造作は買い取ることをしません、というオーナーを守るための項目です。例えば、造作した男女別トイレは次に借りるテナントも必要だと思うから買い取ってほしい、といった要求が退去前になるとよくあるのかもしれません。こういった要求には一切応じられない、と事前に告知し

ている内容となります。

## 4．保証会社への加入

　保証会社とは、入居者が何らかの事情で家賃が払えなかった場合に、入居者に代わって家賃を立て替えてオーナーに支払う会社です。保証会社への加入は、オーナーによっては必須の物件もあります。加入を断ることはできません。

　保証会社への加入が必須の際は、入居前のオーナー審査に加えて、保証会社加入審査および保証会社との契約金（通常、家賃1か月分）および年間契約料3〜10万円前後が必要となります。保証会社への加入が必要な場合には、費用等も確認しましょう。

### ■ 理想的な賃貸契約開始時期は7〜9月

　2018年10月の時点で、少なくとも東京都内は圧倒的に貸し手有利な状況です。オリンピックを視野に入れて、様々な業種が都内でビジネスをしようとしているのが一因と考えられます。条件に合った物件と出会い、契約交渉が進むのであれば、躊躇せずにその流れに乗ってください。

　理想的には、7〜9月に賃貸契約を開始して準備を進め、次年度4月までに新1年生を中心に入会者を集めて、黒字化を目指すのが最もおすすめです。なぜなら、その地域の保育園での5歳児の数＝次年度4月からの学童保育の需要だからです。地域の公設学童を利用される方が多いでしょうが、18時までしか預かれない施設が多く、学習サポートも充実してはいないため、民間学童の需要は高いといえるでしょう。

　そこで、4月の新1年生入会をゴールに逆算して、スケジュールとタスクを設定します。公設学童の申込みは、その地域によって異なりますが、前年10〜1月に行なわれます。これよりも先に保護者に認知してもらう必要があるので、9月にスタートさせて翌年4月に単月黒字化が、学童保育ビジネスでの理想です。

| 開始時期：9か月前 | 必要期間：14日 | 費用：150万円 |

# 5 最低限知っておくべき「内装工事」のイロハ

■ 学童保育施設に必要な内装工事とは？

　内装工事とは、建物内の設備・装飾を施すことです。オフィス物件で学童保育を行なう際には、必要に応じて次のような工事を行なうことになります。

- 床：タイルカーペットやフローリングを敷く
- トイレ：男女別のトイレを増設する
- 手洗い場：子ども用の手洗い場を増設する
- モニターつきインターフォン：来訪者をカメラで確認できるものを家電量販店などで購入して設置する

　床については、すでにタイルカーペットが敷いてある物件であれば変更する必要はありません。また、物件引き渡し前には、必ずクリーニングされますので、そのまま裸足でも利用することができます。「Pタイル」と呼ばれている、ビニール製の床の場合には、子どもが滑って転倒しやすいので危険です。タイルカーペット、もしくはフローリングに変更してください。

　トイレは、物理的に可能であれば、男女別に用意したほうがよいでしょう。どうしても男の子の一部はトイレの使い方が汚い傾向にありますので掃除や指導をしてもなかなか追いつきません。最初から分かれていたほうが、女の子も安心します。

　手洗い場は、トイレが2つあり、そこにそれぞれ手洗い場があれば増設は不要ですが、例えば15人以上子どもがいて、トイレが1か所であれば、手洗い場は増設してください。おやつやワークショップ等で、子どもたち全員が一斉に手を洗う必要がありますので1つでは足

りません。

　手洗い場だけの増設であれば、例えば大型家具店ＩＫＥＡ（イケア）で購入して、設置までを頼むと安くつくることができます。

　また、トイレと手洗い場は、まとめて同じ内装会社に頼むほうが安くなりますので、トイレと手洗い場の造作はセットで考えるとよいでしょう。

　インターフォンは、大切なセキュリティの１つです。学童保育では日常的に施錠をして、部外者から子どもたちを守る必要がありますので、来訪者をカメラで確認できるモニターつきインターフォンが必要となります。これは内装会社に頼まなくても、家電量販店で購入し、そのまま設置工事を依頼することができますし、自分で設置できるタイプのものもあります。

### ■内装工事依頼前にすべきこと

　内装工事を頼む際は、こちらのリクエストをわかりやすく伝える必要があります。また、リクエストが明確になることで、提示される金額を下げることも可能です。スケジュール、学童保育のコンセプト、各内装工事でのスペック（色、高さなども含む）など、できるだけ細かくすべて伝えます。具体的なイメージ写真があれば伝わりやすいため、なおよいでしょう。

　特に注意が必要な点が、高さの問題です。インターフォンや洗面台の高さなどは、あなたが指定してください。小学１年生を対象としているのであれば、インターフォンは高さ110㎝、洗面台は80㎝前後が目安となります。

### ■"あいみつ"は必須

　"あいみつ"とは、「相見積もり」のことで、複数の業者から同じ条件で見積もりを出してもらい、料金を比べることを指します。

　内装会社に依頼するときには、必ず複数社に声をかけて、見積もりを提示してもらいます。自分の知り合いやインターネットで探しても

よいですし、物件の仲介会社の担当者が信頼のおける人であれば、その人からの紹介も確実です。

いずれにしても、2～3社から見積もりを提示してもらい、できたら何か質問してみると、相手の対応がわかります。

最終的に何を選ぶかは、そのときの状況次第です。どうしても急ぐのであれば最短納期を提示してくれた会社を、もしくは値段重視、忙しい場合には質問への対応を含めてレスポンス対応がよかったところ等、あなたのそのときの状況に合わせて選択してください。

### ■ 手付金半額は業界常識

内装会社が決定したら、指定された期日までに料金の半額を入金します。そして、完成したら残りの半分を入金します。

また、物件引き渡し日には内装業者にも立ち会ってもらい、その日から鍵を渡して工事に入ってもらうとスムーズです。

### ■ 別発注で行なう看板工事

置き看板や袖看板等は、地域の看板専門会社に別途発注してください。内装会社でもできるかもしれませんが、内装会社が別の看板専門会社に外注している場合が多いので、直接看板専門会社と取引したほうが費用は安くなりますし、製作する会社と直接やりとりできたほうがスムーズです。

発注の際には、看板の予算、納期、大きさ、記載する文字やロゴを伝えましょう。

窓看板（教室名やロゴを窓にデザインしたもの）は、ロゴ等を使用する場合はプロに頼むべきですが、例えば、教室名だけのシンプルな表示をするのであれば、自分でカッティングシートやウォールステッカーを使ってデザインすることもできます。

看板の納期については、内装工事後にしましょう。工事の邪魔になりますし、汚れてもいけません。

## 内装リクエスト項目と工事の流れ

**内装リクエスト項目**

- ☐ **全体予算**　　　☐ **納期**
- ☐ **フロア素材（タイルカーペットかフローリングか）**
- ☐ **トイレ**
  設置場所（図面に書く）※水回り調査後に、内装会社が決定
  トイレのドアの開閉方向（外開き、または内開き）
  トイレのドアのデザイン（希望があれば）
  トイレの壁の色

- ☐ **手洗い場**
  設置場所（図面に書く）※水回り調査後に、内装会社が決定
  設置の高さ（80ｃｍ）
  洗面台の大きさ

- ☐ **モニターつきインターフォン**
  製品リクエスト（事前にインターネット等で調べておく）
  玄関外モニターの設置場所と高さ（110ｃｍ）
  室内の確認パネル設置場所
  （図面に書く。最終的には配線確認後に決定）
  ※インターフォンによっては自分で取りつけてもよい

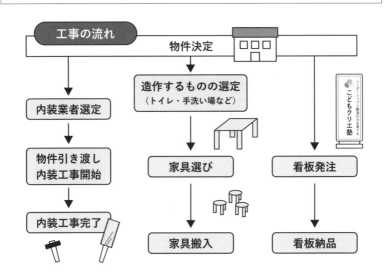

ステップ③　後悔しない「教室づくり」

## 6 契約が決まったら電話から 〜立ち上げ準備の段取り〜

開始時期：9か月前　必要期間：7日　費用：1万円

### ■ 最短での説明会開催に向けて全力を尽くす

不動産の賃貸契約の締結が終わったら、とにかくできるだけ早く、近隣の方に学童保育が開校されることを知らせなくはいけません。

一方で、せっかく知ってもらうのであれば、第一印象が重要です。第一印象をできるだけよく、かつ、いち早く保護者たちにリーチするための段取りを、先ほどの「グランドオープンまでの準備リスト」（117ページ参照）に沿って順番に説明します。

### ■ 会社名が決まったタイミングでドメインを取得する

最初に、ドメインについては会社登記が決まった時点で、取得しておいてください。ドメイン名でのメールアドレスをつくろうとすると（例えば、URLのドメインが「kidsclie.com」で、メールアドレスを「info@kidsclie.com」等にしたい場合）、もれなくサーバー契約が必須となっているサービスが多いと思います。その場合には、それに従って契約してください。

いずれにしてもレンタルサーバーはホームページをもつのであれば必要となります。ホームページ上で子どもの個人情報のデータベースをつくったり、毎日様々な商品を販売するわけではないので、学童保育のビジネスだけであれば、サーバーのスペックをさほど心配する必要はありませんが、レンタルサーバーは専門会社との契約をおすすめします。サーバーの世界も技術革新が求められる世界です。専門会社であれば最新の技術を安く提供してくれます。

### ■ 電話・通信回線の申込みをする

固定電話は必要ないと考える方もいるかもしれませんが、依然、固

定電話にはよいイメージがあります。子どもを預ける施設の代表電話が携帯番号で、しかも初めて立ち上げた学童保育であれば、不安を感じる保護者がいるかもしれません。固定電話をもつと、様々な営業電話がかかってきて大変ですが、それでも保護者からの信頼を得るために固定電話をもってください。

　電話工事は意外にも混んでいます。申込みをしてから3週間後になることもありますので、物件が引き渡されたら早めに手配してください。

　その際には、オプションで電話転送サービスの申込みをおすすめします。準備期間中は、工事も入りますし、あちこちに出かける用事もたくさんあります。せっかく興味をもっていただいた方からの問い合わせの電話を逃さないためにも、あなたの携帯電話に転送されるよう設定しておきましょう。

## ■ 電話番号が決まったらすぐにすべきこと

　電話工事が完了したら、すぐにGoogleマップ登録をしてください。登録の際には、固定電話番号に承認コードを知らせる仕組みになっているため、早く登録するためにも早く電話を開通させる必要があります。登録することで、これから学童保育を調べようとしている方々に無料で存在を知らせることができるので、必ず行なってください。あらゆる方面から、あなたの学童保育にたどりつくための取り組みをコツコツ行なっていくのです。

　郵便局への届出も必要です。法人名および施設名の登録がないと、郵便物を届けてくれません。次ページで説明する決済システム契約書の確認は、住所確認を含めて郵便で遅れてきます。郵便局への届出は、このタイミングで行なってください。

## ■ ホームページはいまや10日間でできる

　教室のパンフレットよりも、まずはホームページを充実させましょう。働いている保護者の多くは、時間と手間がかかる郵送での資料送

付はあまり求めていません。それよりも、ほしい情報を適切に提示してあるホームページのほうがはるかに好まれます。

　コンテンツさえそろっていれば、いまや10日間で15画面（問い合わせ等の受付画面つき）、スマホにも対応しているホームページがつくれますので、そのためのコンテンツづくりを優先的に行なうことをおすすめします。ホームページができたら、各種のまとめページ等にコンタクトを取って、あなたの学童保育について情報掲載をしてもらいましょう。

　料金表を提示していないホームページも見受けられますが、料金を知りたいがために問い合わせをさせるという方法は不親切なのでやめましょう。ましてや、忙しく働いている保護者が対象ですので、必要な情報は簡潔に、シンプルに提示しておく必要があります。

## ■決済システムの手続きには時間がかかる

　毎月の利用料金は、決済システムを利用した銀行口座からの自動引き落としをおすすめします。利便性が高く、低コストという意味で、ほかの決済システムよりも優れています。

　銀行口座からの自動引き落としであれば、保護者は月々の支払いに関して、手続きする必要がありません。もちろん、勝手に引き落としをするのではなく、例えば月初に請求書を提出し、保護者への確認・修正時間も設け、毎月15日前後に引き落としロックがかかり、月末に引き落としをするという流れがよいでしょう。このサイクルは、いくつかの選択肢の中からあなたが選んで設定できます。

　決済手数料については、クレジットカード払いよりも安くなっています。クレジットカードの店側（お金を受け取る側）が払う手数料は売上に対する1〜5％で、業種・店の回収リスクによって異なります。設立したばかりの学童保育の場合は、小売業の平均的な手数料である4％相当ではないでしょうか。

　決済システムは日本システム収納株式会社がおすすめで、弊社は開校当時より利用しています。

## ホームページに最低限必要な内容

- ☐ 最新情報(体験イベント・説明会の案内)
- ☐ 教室の特徴
- ☐ 責任者の挨拶、プロフィール、建学の精神
- ☐ カリキュラム(あれば)
- ☐ 1日の過ごし方
- ☐ 料金表
  (福利厚生サービス提供会社と提携している場合は、利用できる福利厚生サービス)
- ☐ アクセス
- ☐ 入会までの流れ
- ☐ 問い合わせ、エントリーフォーム

　利用料金は、100口座以上の場合は「110円×口座数」です。毎月の利用料金の自動引き落としができる、という意味では現時点ではこれより安いサービスを見つけられていません。

　利用に際しては、特別なシステムも契約金も必要ありません。専用画面にログインして、毎月引き落とし金額を入力するだけです。月額料金固定の場合は、何も入力しなくても、毎月の料金を固定で引き落とすこともできます。

　ただし、利用手続きには時間がかかるので、申込み手続きをすぐに進めてください。

### ■ 名刺やチラシの発注

　弊社では、教室の名刺製作はキンコーズ・ジャパンを利用しています。札幌、仙台、首都圏、名古屋、関西圏などで展開しているコピーやプリントサービスを行なっている会社です。ロゴをつけてカラーで100枚、5,500円ほどです。ほかにも、名刺専門インターネット会社など、安価で製作してもらえる会社もあります。

なお、名刺は近隣関係者への挨拶以外は普段は必要ありません。説明会でも配付するのは教室案内の資料ですので、まずは100枚あれば十分です。

　チラシは、強いこだわりや、昔からのデザイン会社との付き合いがなければ、最初はインターネット印刷会社に依頼して、いくつかのデザインテンプレートから選択して作成したほうがよいでしょう。

　最初は、保護者との接触回数を増やすことが最も重要です。例えば、同じ予算でデザインにお金をかけて新聞折込を1回実施するのと、デザインはテンプレートのものを利用して安く済ませ、新聞折込を2回実施するのであれば、断然、新聞折込を2回のほうが有効です。とにかく、接触回数が重要なのです（詳細は169ページで説明します）。

　新聞折込は、出したい日の2～3週間前には問い合わせをしてください。配付希望日の2週間前には料金の入金完了が目安となります。

　折込会社候補がいくつもあれば、折込の方法が広く、たくさんの対象に折込をするのではなく、町名単位で細かく設定ができる会社のほうがよいでしょう。

　折込をする曜日は、土日はチラシが集中するので避けたほうがよい、という考え方と、平日はチラシを見ないので土日に入れたほうがよい、という考え方があります。地域によって状況は異なりますので、何度かに分けて、効果測定をし、効果的な方法を見つけてください。

　教室案内の資料は、パワーポイント等でつくり、カラー印刷するだけで十分です。パンフレットは、開校して間もない頃はマイナーチェンジが頻繁にありますので無駄になる可能性も高いです。ちなみに、弊社がパンフレットをつくったことは一度もありません。これからもつくらないと思います。パワーポイントでつくった資料は、ＰＤＦファイルにして、問い合わせがあった方にはメールで送れるようにしておくと便利です。

## チラシのサンプル

## 7 | 教室のデザインを決める家具選びの考え方と注意点

開始時期：9か月前　必要期間：3日　費用：100万円

### ■ 家具選びは「教室の雰囲気とデザインありき」

　家具は、教室のデザインを決める重要な要素です。ましてや、オフィス物件から学童保育をつくるとなると、視覚的には家具の組み合わせ、色・デザインがもつイメージ≒学童保育のイメージとなります。

　しかし、いきなり家具を選ぶわけではありません。最初に、①子どもたちにどんなふうに過ごしてほしいのか教室全体の空間デザインを考え、②それぞれの場所では、どんなことをして、どんなやりとりがあるのかをイメージし、③家具選びとなります。先ほどの全体の流れで考えると、内装会社に発注する時点では、①と②は完了しているので、家具選びの際にはそれを踏まえての発注となります。

　例えば、預かることがメインのサービスとなっている1日50〜85名を預かる大規模民間学童の多くは、大勢の子どもたちが元気いっぱいに思い切り遊んで過ごせることを重視しているため、オープンスペースが多くあり、机や椅子はほとんどありません。おやつやみんなで宿題を一斉にする場合は折り畳み式の机を利用しています。

　一方で、勉強が最優先の少人数制の民間学童の場合は、机と椅子やホワイトボードが設置されたスペースが用意されています。この場合、学習時間以外も、子どもたちは読書や折り紙、工作をするなど椅子に座って過ごすこととなります。

　弊社の家具選びの詳細については、216ページの「学校をつくろう！」を参照してください。

### ■ 机はコミュニケーションのあり方を左右する

　家具は、どこでどんなものを販売しているのか、あらかじめリサーチしておきましょう。教育用家具の販売店として、内田洋行とオカム

ラ、コクヨが有名ですが、どこも高価です。ただし、子どもの安全・安心や、使い勝手のよさを考え尽くされたデザインをしているので、パンフレットを見るだけでも参考になります。

●台形机のレイアウト例

パンフレットを見て気づくと思いますが、机というのはとても重要です。それは、机の形や配置により、視覚的にコミュニケーションのあり方を促すことができるからです。

弊社では台形机を使っています。台形机を2つ組み合わせると小さな六角形になります。最大6人座れますが、少し窮屈なので4人程度で話し合いをしたり、グループ学習をしたりするときなどに利用しています。さらに、台形机を6つ組み合わせると最大12人で利用することができます。また、全員が集中して作業をするときには、長方形にするなど、目的に応じたレイアウト変更が可能です。

六角形（丸もそうですが）のメリットは、一人ひとりが等間隔なので全員参加型のコミュニケーションが取れる点にあるといわれています。実際に、保護者向けの説明会でも、この六角形が一番話しやすいですし、雰囲気がよいです。

なお、家具は受注生産のものも多くあります。受注生産の場合、見積もり後に入金をしてそこから生産がはじまるので、納品されるまでに最短3週間は要します。ご利用の際は注意してください。

■ 高さと使用する色の数を抑える

家具選びは、背の高さを抑えることと、使用する色の数を抑えるのがおすすめです。特に子どもが過ごす施設ですので、家具の高さは80cm以下にしてください。どうしても、教材の保管等のために背の

高い収納スペースが必要な場合は、長時間子どもの目に触れない位置に設置し、本棚やロッカーなどの子どもが使用するものは、背の低い家具を選ぶと、ゆったりとした雰囲気になります。

　色も、机や棚など視覚的に占める面積が大きいものは、極力揃えるほうがよいでしょう。おそらく、木目調や白などになるかとは思います。ここで色を混ぜてしまうと、ごちゃごちゃした落ち着かない雰囲気になります。

## ■ 子どもにとって心地よい椅子がよいとは限らない

　椅子はどんなものがよいでしょう。

　最先端の教室用のカタログの椅子は、スリムなデザインをしていながらも、適度にリクライニング機能があり、そして移動しやすいようにキャスターがついたものがほとんどです。また、子どもの身長に合わせて、脚の長さを変えることができるものもあり、とても便利です。

　弊社では、1校目を開校したときにリクライニング機能とキャスターがついた椅子を24脚購入しましたが、約半年ですべて破棄することとなりました。

　子どもの動きにあわせて動く椅子は、子どもが全く集中しないことがわかったからです。それどころか、ちょっと退屈すると、すぐに椅子で遊ぶようになってしまったため、いまでは重ねて収納できる一般的な椅子を使っています。

　どんな家具を選ぶかで、学童保育の雰囲気が大きく変わります。時間と心の余裕があるうちに、どんな学童保育にしたいのかを考えたうえで、大手家具メーカー、ほかの学童保育、海外の施設などのホームページを見ながら、あなたのイメージを高めてください。

| 開始時期：8か月前 | 必要期間：7日 | 費用：なし |

# 8 入会者を守る入会申込書と規約づくり

## ■ 入会申込書は最低限の内容だけにする

「入会申込書」に記入してもらう項目は必要最低限に留め、学童保育利用中に必要な個人情報は別紙として扱います。入会申込に必要なのは以下の項目です。

- 保護者氏名
- 住所
- 連絡先（自宅と携帯の電話番号、メールアドレス）
- 子どもの氏名（ふりがな）
- 子どもの生年月日
- 子どもの所属先（現在通っている保育園・幼稚園名等と入学予定の小学校名）
- 利用したい曜日

以上が最低限必要な項目です。そのほか、どうしても必要な情報があれば追記、もしくは「学童利用書」などの別紙にして2段構えで考えてください。

保護者の勤務先の電話番号や、お迎えにくるのがおじいちゃん・おばあちゃんの場合はその連絡先も、学童保育サービスがはじまったら必要となりますが、入会受付時点では不要です。

いずれにしても、入会申込書はできるだけシンプルにして、忙しい保護者の負担を小さくすることで、入会を促進しましょう。

なお、アレルギーについては、口頭ではなく書面で別途確認しておくことをおすすめします。

■ 入会規約は誰のため？

　大規模民間学童の入会規約書を見ると、分量がとても多くて驚きます。1日50～80名、1つの拠点で子どもの登録人数は300名以上を超える施設では、細かく規約を設定しないと保護者からの問い合わせが多く、やりとりだけで時間がかかる等の事情があるからだと思います。参考にすべきところは参考にして、あなたの学童保育の事情に合ったものをつくってください。

　参考までに、弊社の利用規約の項目を紹介すると、入学金の扱い、初期備品の購入タイミング、振替条件、お休み・退会届の期日、禁止事項、個人情報の適切な取り扱いのみです。

　実は弊社には、開校から2年間、入会規約がありませんでした。必要性を感じたことがなかったのです。しかし、利用者が増えるにつれて、様々な質問や要望が届くようになりました。「あのときはこうだったのに？」といった疑問や不平等が起こらないように、また教室内で起こった子ども同士のトラブルが、大人の関係に影響しないように少しずつまとめていき、いまの入会規約となりました。

　例えば、弊社ではマルチ商法や政治的・宗教的勧誘は一切認めていません。スタッフも同様です。しかしあるとき、ある保護者の方が宗教的な冊子を学童の帰りがけに別の保護者に配っていたことがありました。こうした行為やほかの利用者への迷惑行為を禁止し、かつその際は即時退会となる旨も設定しています。

　一方で、朝から夜まで預かって、週に1回は遠足に出かける長期学校休暇時のご利用ガイドは、A4サイズ2枚にもおよびます。

　普段と利用体系が違うため、朝から利用する一日料金と午後から利用する通常料金等を組み合わせて使う場合の考え方や、学校が休みの日は自宅からおもちゃをもってきてもよいことにしているので、そのおもちゃの種類や管理、扱いについて、遠足を時間通りに行なうために守ってほしいことなどをまとめたものです。

　入会規約は、利用者を迷わせないために最低限のルールを設定し、必要であればあとから追加していきましょう。

# 「こどもクリエ塾」の入会規約

### 入学金
- お申込翌月 27 日にお届け口座より、お引き落しをさせていただきます。
  尚、お申込みをキャンセルされてもご返金できませんのでご了承ください。

### 初期備品
- 月曜日を利用いただく方は、初期備品をご購入いただきます。締切日以降、万が一ご利用をキャンセルされても、初期備品はご購入いただくこととなります。

### 月額基本料金・オプション料金精算
- 月額基本料金は、当月 27 日に銀行お引き落としさせていただきます。
- お食事等のオプション料金は、翌月 27 日に、まとめてお引き落としさせていただきます。

### 振替制度
- 欠席された場合は、事前にお届けの上、他曜日に振替ご利用可能です。
- 前月末までにお届けがないお休みについては、ご利用料金の精算はいたしません。

### 休会
- 日次単位で休会いただけます。前月末までにお申し出ください。
- 休会期間の期限はございませんが、復会の場合は空きがあり次第となります。

### 退会
- 退会される場合には、前月 20 日までにお申し出ください。

### その他
- 他のお子様への迷惑や、学びの妨げとなる場合は、教室より退場、退会をお願いする場合もございます。予めご了承ください。
- 宗教、政治、マルチ等の勧誘活動は一切禁止しております。

### 個人情報保護方針
こどもクリエ塾／株式会社ビジョンゲートは、事業運営上、お子様および保護者様の個人情報を取扱うこととなるため、当社倫理綱領に基づいて本方針を定め、個人情報管理体制を確立し、企業として責任ある対応を実現するものとします。

方針 1. 個人情報の利用の目的をできる限り特定し、当該目的の達成に必要な範囲内で適切に取扱います。また、目的外利用を行なわないための措置を講じます。

方針 2. 個人情報は、適法かつ適正な方法で取得します。

方針 3. 個人情報は、本人の同意なく第三者に提供しません。

方針 4. 個人情報の管理にあたっては、漏洩・滅失・毀損の防止及び是正、その他の安全管理のために必要かつ適切な措置を講じるよう努めます。

方針 5. 個人情報の取扱いにあたっては、その情報を提供した本人が適切に関与し得るよう努め、可能な限り正確かつ最新の内容に保つよう努力します。

方針 6. 個人情報保護に関する法令を遵守し、また個人情報保護に関する社内規程を定め、継続的な見直しを行ない遵守します。

方針 7. 個人情報保護に関する苦情及び相談に対応する窓口を設けて、適切に対応するよう努めます。

## 9 体験イベント・説明会のために必要となる意外なもの

開始時期：8か月前 / 必要期間：3日 / 費用：10万円

### ■ 説明会開催前に保育園・幼稚園への挨拶を行なう

　説明会開催1週間前にしておきたいのは、近隣の保育園・幼稚園への挨拶です。近隣施設はすべてピックアップして、事前に電話でアポイントを取ってから訪問してください。電話をかける際には、朝の受け入れ・ランチ・夕方のお迎えの時間帯は忙しいので避けるようにしましょう。

　訪問の目的は、挨拶に加えて、チラシ配布の許可をもらうことです。園の玄関先で名刺とチラシを渡して、簡単に学童保育の紹介をし、そしてこのチラシを近日中に朝の園児受け入れの時間帯に配布したい旨を説明してください。

　なお、本来のチラシ配布の際の許可は、配る1週間ほど前までにチラシを配布する場所を管理している最寄りの警察署に「道路使用許可」を申請し、許可を取ることが正しい手続きです。しかし、道路使用許可を取ったからといって、突然玄関の目の前でチラシを撒かれたら、いい気持ちはしませんよね。また、例えば「以前に別の業者がチラシを撒いて保護者とトラブルになった」等の理由で保育園や幼稚園から断られた場合には、その園についてはチラシ配布を断念することをおすすめします。近隣の園に嫌われてまでチラシを配布するメリットはありません。

　個人的には、訪問する際には、スタッフのみなさんが休憩時間につまめるようなちょっとしたお菓子の手土産を持参することをおすすめします。諸々のご挨拶が終わったら、帰る際に渡してください。ただ、公立保育園の先生は公務員ですので受け取りを辞退されることが多いかもしれません。

## ■ 小学校訪問はタイミングを待ってから

あなたの学童保育に通ってくれるであろう子どもたちが通う予定の小学校には、保育園同様、できるだけ挨拶に行きたいと考えることでしょう。しかし、先生たちは本当に忙しくしていて、対応するための時間を取ることは難しいと思います。

それでも時間を取ってもらえるセリフがあります。それは、「４月から貴校の新１年生も入会します」の一言です。

自分の児童が、学校から直接自宅ではない場所に行くわけですので、どんなところなのか、やはり知っておく必要があると判断されます。したがって、小学校への挨拶は、子どもたちの入会が決まったあと、アポイントを取るようにしてください。

挨拶の際には、あなたの学童保育のスタッフが小学校に子どもたちをお迎えに行くこともありますので、入学式から最初の１か月はどのようにして子どもたちの受け渡しをしているかを確認してください。

多くの小学校では、入学式翌日から約１か月間は集団下校をしています。地域別に隊列を組んで、先生が引率して自宅付近まで帰っています。自宅ではなく公設学童や民間学童を利用する子ども、家庭の事情で保護者がお迎えに行く場合は事前に連絡したうえで、地域別集団下校とは別扱いとなります。自宅に帰らない子は、どこで、どのタイミングで学校側から子どもの引き渡しがされるのか、正門からの校内の様子も知っておくとスムーズですし、その情報を逆に保護者たちに伝えられれば安心してもらえます。なお、小学校には手土産はもって行かないでください。

## ■ イベント開催時に必要なもの
### 〈教室案内一式〉

教室案内一式の中でも、特にアンケートが重要です。体験イベント中の保護者は時間があることもあり、アンケートにとても細かく記入してくれます。様々な媒体等でプロモーションをしているときには、何を見てこの教室を知ったのか、学童保育に期待することは何か等、

貴重なマーケティングの機会としてとらえてください。

　なお、アンケートはマーケティングであると同時に、入会決定率を高めるツールでもあります。詳細は191ページを参照してください。

### 〈家具〉

　傘立てとシューズロッカーは、オープン後も使用するものをイベント開催前に発注してください。1日の定員数＋その2割あれば十分です。特に傘立ては発注を忘れがちなので気をつけましょう。

### 〈トイレ周り〉

　トイレが綺麗に整備されているのかをチェックする保護者は多くいます。石鹸は、子どもでも使いやすい液体タイプや泡タイプを選びましょう。

### 〈サービス周り〉

　あなたの学童保育では、今後飲み物はどうやって提供していきますか。おすすめはひと手間かかっても、（都心であれば）浄水器を取りつけ、水から麦茶をつくって提供することです。麦茶はカフェインやタンニンを含まないので子どもにとっても安全な飲み物です。また、ミネラルが入っているため熱中症予防にもなります。おやつを提供したり、自分の施設で食事を提供するのであれば、問題なく用意できるでしょう。

　もし、スペースや人数等の関係で、人数分の麦茶をつくる余裕がなければ、体験イベント開催中はペットボトルの水を提供し、イベント後はウォーターサーバー等を契約して、水だけは子どもたちがいつでも飲める環境にしてください。

### 〈救急用品〉

　体験イベントは、安全面に十分考慮した内容を考え、当日も配慮して行なっているので、その最中に子どもが怪我をすることは想定しに

くいです。しかし、急に気分が悪くなったりする子どももいます。また、イベント中に、もともとつけていた絆創膏が取れて気になる、爪が伸びていて気になる等、様々なことが発生します。ですから、止血、消毒、爪切り等の最低限の救急セットは準備してください。

**〈筆記用具〉**
　アンケート記入用に筆記用具を用意します。保護者には、体験イベント中は椅子だけを使用してもらうことになります。なぜなら、子ども1名に対して、保護者は両親の2名、場合によってはおじいちゃん・おばあちゃんと一緒に4名で参加する場合もありますので、机を設置する場所がなくなるためです。
　机なしでもアンケートにご記入いただけるように筆記用具とセットでバインダーを受付時にわたしてください。

**〈ＯＡ製品〉**
　プロジェクターは必要に応じての準備でかまいません。
　パソコンとプリンターは当日万が一に備えて準備しておいてください。例えば、事前予約制と告知しておいても、予約なしでくる方もいるかもしれません。予備の資料がなくなった、という場合に備えます。

**〈子どもを静かに遊ばせるグッズ〉**
　当日「しまった！」と思わなくて済むよう、子どもを静かに遊ばせるグッズを用意しておきましょう。説明会中、保護者には集中して説明を聞いてもらいたいので、子どもを最低でも20分間は静かにさせておく必要があります。
　おもちゃの多くは、音が出る、子ども同士で喧嘩になる、遊びのガイドが必要なので、たくさんパーツがあり子どもだけで迷わずに遊べるブロックや積み木以外は不適当です。折り紙は、誰かスタッフが子どものサポートについているときはよいのですが、子どもだけで待たせているときには一人にできずに、親につど質問してくる可能性が高

いので集中して話を聞いてもらえません。

　おすすめはぬりえです。インターネット等では著作権フリーのぬりえがたくさんあります。子どもに人気のキャラクターや女の子が好きな綺麗な模様のものなど、様々なものをたくさんプリントアウトして準備しておくとよいです。器用な子も、そうでもない子も、熱中してくれます。

　このとき、「1枚全部綺麗に塗ったら、新しい1枚を好きに選んでいいよ」と子どもたちにルールを伝えることを忘れないでください。ルールを伝えておくことで、子どもたちは「頑張って終わらせて、また新しいものを選びたい！」というモチベーションで30分間は集中してくれます。それどころか、帰る時間になっても「まだやりたい！」となかなか帰りたがらないこともあるでしょう。

　以上のような備品を用意して、滞りなく体験イベントと説明会を行なえるようにしましょう。開催日間際になって慌てないように、余裕をもって準備を進めることが大切です。

## 体験イベント・説明会で必要な備品リスト

**教室案内一式**
・教室案内
・入会申込書
・アンケート
・封筒（お持ち帰り用）

**筆記用具**
・ボールペン
・バインダー
・消しゴムつき鉛筆

**家具**
・傘立て
・シューズロッカー

**OA製品**
・プロジェクター
・プリンター

**トイレ周り**
・トイレットペーパー
・トイレ掃除用具
・トイレ掃除洗剤
・トイレ用スリッパ
・手洗い石鹸（液体か泡タイプ）
・タオルまたはペーパータオル
・タオルかけ
・トイレの芳香剤

**子どもを静かに遊ばせるグッズ**
・本
・折り紙
・お絵かき用の紙
・色鉛筆
・ぬりえ
・ブロックや積み木

**お客様サービス周り**
・水（ペットボトルのままで提供する）
　または麦茶
・麦茶ポット
・コップ
・洗剤
・たわし
・食器置きトレー
・食器拭きタオル
・台所用漂白剤（タオル消毒用）
・キッチン用ゴム手袋
・タオル干し

**救急用品**
・救急箱
・消毒液
・消毒用コットン
・止血用コットン
・止血テープ
・絆創膏（大、小）
・ピンセット
・爪切り
・冷却シート

ステップ③　後悔しない「教室づくり」

## 10 保育の基本「安全・安心」のために取り組むべきこと

開始時期：8か月前 / 必要期間：3日 / 費用：10万円

### ■「安全・安心」のために必要な5つの事項

　学童保育では、主に小学校低学年の児童を預かるので、日常的にいろいろなことが起こります。ですが、怪我を恐れてあれこれとダメ出しをしては、本来の学童保育としての目的が失われてしまうでしょう。また、常にダメばかりいわれている子どもは、やがてダメが日常的で、何がダメなのか麻痺してしまうため全くおすすめできません。

　むしろ、子どもたちへの注意喚起は、本当に危ない最低限のものだけに留めます。そして、何かあったときの対応に備えておくことが、結果的には子どもに「安全・安心」を提供できると考えます。

　以下で、本当に必要な最低限の5つの事項について説明します。

---

①救急法の習得
②地震対策
③有事の対応と避難先の確定
④有事の連絡手段と医療機関の連絡先の確保
⑤損害保険の加入

---

　なお、有事ではないですが、発熱や転んで怪我をする、ということは日常的に起こります。日常使いの救急箱や氷等の準備、具合が悪くなった子どもが横になれる寝具等の準備もしておきましょう。

### ■スタッフは救急法を習得しておく

　救急法は最新の技術をプロから学ぶことを推奨します。様々な団体や機関が講習会を実施していますが、中でも日本赤十字社は全国で、そしてたくさんの日程で、また低料金で実施しているので特におすす

## 地震に備えておくべきもの

- [ ] すべての家具・家電の転倒防止措置（固定するなど）
- [ ] 懐中電灯・発電機・ラジオ（またはインターネットラジオ）
- [ ] 救急箱
- [ ] 非常用の水　1リットル（人数分）
- [ ] 非常用の食品　一日分（人数分）
- [ ] 軍手（人数分）
- [ ] 簡易トイレ（人数分）

めです。

　弊社では、パートタイマーやアルバイトを含む全スタッフが受講しています。以前は導入研修時に社内で救急法の講習を実施していましたが、プロから学ぶほうが臨場感もあり、かつ最新事例を学べるのでスタッフからは好評です。

### ■ 地震対策は日々の啓もうが重要

　日本は常にあらゆるところで地震が発生しています。ですから、いつでも、どこでも地震が起きることを想定して過ごしていかなくてはいけません。

　上図についてはすべて対応・準備をしてください。

　食品は日常的に使うものを常に一日分多く確保しておけば問題ありません。保護者が迎えにくるまでの一晩、どんなに長くても丸一日あれば十分なはずです。特別な非常食を準備するよりは、普段使っているものを多めに常備し、日常的なものを食べて待つほうが子どもの心理面を考えてもよいはずです。水については日常的にペットボトルの水を使わないのであれば、非常用の5年間保存できる水を保管しておきましょう。また、断水も想定して簡易トイレ（凝固剤と黒色ビ

ニール袋がセットのタイプが一般的）の用意も忘れないでください。

　子どもたちの安全・安心を守る意味で最も大切なことは、スタッフを含めた全員への日々の啓もうです。子どもが小学校から学童に向かってくるときに地震が起きたらどうするのか。まだ6～7歳の子どもが自分で判断して、行動しなくてはならないかもしれません。

　そこで、弊社では、夏休み等を利用して、地震ワークショップをプロの講師を招いて開催しています。

- そもそも、地震はなぜ起きるのか？
- 地震で怪我をする原因は何か？
- 原因がわかったうえで、自分は何をするのか？

　これらを様々な状況に応じて、子ども自身に考えてもらい、子どもが保護者と地震が起きたらどうするかについて再度確認してもらう機会となっています。

■ 有事の対応と避難先を決めておく

　有事が起きた際、教室としてどのように対応するのかについては、あらかじめ決めて保護者と共有してください。入会規約以上に重要なことですので、教室案内等に明記すべきでしょう。

　避難先として一般的なのは、最も近い小学校等の公共施設のグラウンドや公園です。

　プロに聞いたことによると、地震や台風発生の際は、多くの学童保育施設では、建物が全壊しない限りは多少建物が壊れても室内に留まるほうが安全だそうです。ただし、地震発生時はいつでも脱出できるように、避難口だけは常に開放し続けておいてください。

　火災発生時は、緊急通路を利用して、いち早く脱出し、避難先へ全員で退避してください。毎年、消防署の立ち入り検査がありますので、指導事項等があればその指示に従い、日ごろより安全な運営を行なっていきます。

### ■ 地震・火災・台風などの有事の連絡手段

東日本大震災の際は、固定電話と携帯電話、そしてメールなどの通信手段はほとんど麻痺しました。

そこで、非常用連絡手段として、ＮＴＴが提供している災害用伝言ダイヤル（171）や外部のインターネットサービスを含めた複数の通信ルートをもつことをおすすめします。

弊社では、固定電話とメールサーバーが使えなくなった場合は、災害用伝言ダイヤル（171）とTwitter、Facebookを併用することとしています。TwitterとFacebookは普段から利用しておかないと誰も登録や閲覧してくれないので、月に一度くらいは、教室情報や台風接近時の臨時朝開校情報などを意識的に流して、有事に使えるようにしています。

### ■ 大きな怪我をした場合の医療機関の連絡先をまとめておく

子どもが大きな怪我をした際は、スタッフも動揺します。すぐに連絡できるように、複数の医療機関の連絡先とその優先順位がわかるようにしておいてください。

緊急外来は本当に混んでいますので、突然駆けつけてはいけません。事前に電話をして、まずは応対可能かを確認し、保護者と連絡を取ります。いまの医療機関では、保護者の同意なしでは医療行為は行なえませんので、子どもの年齢・怪我の状況・発生要因の説明と、物理的な対応是非を確認できたら、保護者に再度病院へ連絡してもらう必要があります。

### ■ 塾総合保険への加入

万が一に備えて、塾総合保険に加入してください。決して、安い金額ではないですが、必要経費です。

塾総合保険は、次ページ図の内容をカバーしている保険のことです。塾と書いていますが、学童保育も同様に補償されます。

塾総合保険は、損保ジャパン日本興亜、東京海上日動火災保険、三

井住友海上火災保険で販売しています。
　契約は1年単位の掛け捨てとなります。

　●塾総合保険の主な補償内容

・塾の生徒が塾や塾との往復途上でケガをしたり、死亡したときの補償

・塾経営者が生徒のケガなどで、法律上の賠償責任を負わなければならないときの補償

・塾の生徒が塾で誤って他の生徒等に怪我をさせ、その生徒（両親）が法律上の賠償責任を負わなければならないときの補償

（損保ジャパン日本興亜　塾総合保険案内より）

# お客様の心をつかむ「プロモーション」

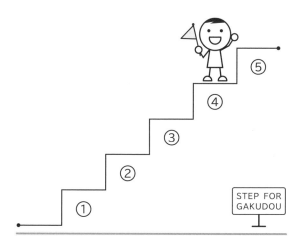

開始時期：8か月前　必要期間：3日　費用：なし

# 1 集客は「メディア×コンテンツ×タイミング」

## ■ プロモーションの最終ゴールは「何もしないこと」

　教室づくりを終えたら、プロモーション活動に入ります。プロモーション活動とは、あなたの学童保育の存在を知ってもらい、教室に足を運んでもらい、入会してもらうための様々な活動のことです。

　取り組むうえで常に意識したいことは、学童保育でのプロモーションの最終ゴールは、「何もしないこと」だという点です。どういうことかというと、あなたがGoogleに広告を出したり、新聞折込チラシを出さなくても、利用者による口コミで評判が広がり、毎年の入会者が定員いっぱいになることです。

　学童保育は、一般消費財ではないので、たくさんの方に存在を知ってもらう必要はありません。塾と違い、希望者があれば営業時間を延ばして、希望者をすべてどんどん受け入れる施設でもありません。子どもにとっての安全・安心で適切なサービスを提供していくためには、適切な人数の受け入れが重要となります。

　あなたの学童保育に通ってもらえるエリアに住んでいる方々に応援してもらえるような存在であり続けてください。

## ■ 目標数字は入会者数から考える

　集客プロモーションの目標数字は、希望する入会者数から逆算して決めます。

　例えば、入会者数を10名に設定すると、次に考えるのは体験イベントや説明会に参加してくれた人が、どのくらいの割合で入会に至るのかという、入会率についてです。本来、入会率8割を目指したいところですが、1校目での初めてのイベントであれば低めの5割に設定します。

## 設定すべき集客目標数

入会者数＝入会率×説明会・体験イベント参加人数
  例　10名＝50%×20名

説明会・体験イベント参加人数＝来校率×問い合わせ・資料請求人数
  例　20名＝50%×40名

問い合わせ・資料請求の目標人数＝各メディアからの接点人数の総和
  例　40名＝　20名　　＋　　15名　　＋　5名
　　　　　　（新聞折込）（タウン誌の広告）（口コミ）

　次に、説明会・体験イベントの目標参加人数です。10名の入会者を目標として入会率5割と仮定すると、最低でも20名に説明会や体験イベントに足を運んでもらう必要があります。

　そして、問い合わせから実際に教室に足を運んでもらった割合を示す来校率です。ここも8割を目指したいところですが、まずは5割に設定しましょう。となると、40名に問い合わせをいただく必要があります。そのための集客プロモーションを設定します。

　入会率と来校率について5割と仮に設定しましたが、この数字については、説明会や体験イベントが終わるたびに検証していきます。弊社の場合、入会率は8割、来校率は9割を超えています。

　大切なことは、仮説をもって目標数字を設定し、実際にやってみて結果とその要因を分析したうえで、次につなげていくことです。

　入会率や来校率を上げるためには、緻密な取り組みが必要となります。詳しくは183ページを参考にしてください。

### ■「メディア×コンテンツ×タイミング」が基本

　問い合わせ目標人数が決まったら、具体的な集客プロモーションを検討します。広告出稿活動がメインとはなりますが、やみくもに自分

の目についた範囲、思いつく範囲で決めてはいけません。

　まず、基本的な集客プロモーションは「メディア×コンテンツ×タイミング」で考えてください。

　メディアは、テレビやラジオ、新聞、インターネットなどを指します。コンテンツは、このメディアで伝えるメッセージです。体験イベントであったり、学童保育のよさであったり、学童保育責任者であるあなたの紹介や伝えたいことです。

　タイミングは、プロモーションを行なう時期です。一般的に学童保育を探しはじめる方が集中するのは9〜10月です。

　この3つを合わせて計画していきましょう。

### ■ 主なやるべきプロモーションの考え方

　全国地域を問わず、やるべきことは「インターネット上でのPR」と「教室周りの広告」です。下図の6点は必ず行なってください。

●やるべきプロモーション

> インターネット上でのPR
> ・ホームページ
> ・検索ポータル地図・お店登録
> ・まとめサイト
> ・検索ポータル広告（Google、Yahoo! JAPANなど）
> 教室周りの広告
> ・（教室前の）置き看板
> ・窓看板

　これ以外は、あなたの地域事情によって異なります。フリーペーパーがとても強い地域では、値段が高くてもほかの予算を削って広告を掲載してください。また、地方紙シェアが7割を超える地域もあります。そこでは地方紙への折込を複数回実施してください。

> 開始時期：8か月前　必要期間：14日　費用：70万円（ホームページ構築費以外）

## 2 信頼されるメディア一覧と選定方法

### ■ ザイアンスの「単純接触効果」を考える

「人は、知らない人に対しては攻撃的な態度をとるが、接触回数が多いほど親しみを感じ、特に相手の人間的な側面が見えると感情が深まるなどの心情を示す」

アメリカの心理学者ロバート・ザイアンスが提唱したこの「単純接触効果」の法則は、コミュニケーションで役立つテクニックとして、営業や政治など様々な分野で活用されています。

民間学童を運営している鉄道会社を利用している人であれば、車両内のほとんどの中吊り広告が、その会社が運営している学童保育の広告である電車を利用されたことがあるかもしれません。9～1月の次年度新1年生の入会受付シーズンや、6～7月の夏休み会員獲得シーズンには、毎年必ず自社の車両内に大々的に広告が出されています。

では、近隣の子どもをもつ保護者には認知度の高い大手民間学童がこのようなプロモーションを定期的に展開する目的は何でしょうか。

保護者にとって学童保育を選択するということは、自分の大切な子どもの預け先を決めるということです。信頼感や親しみをもってもらえないと決めてもらえません。つまりは、たった一度、初めて見た広告だけで、保護者はその学童保育を選ぶことはありません。繰り返しいろいろな形で情報に触れ、調べ、または無意識に教室名が刷り込まれて、初めて問い合わせをしたり、体験イベントに足を運ぶのです。

限られた予算のすべてを、例えば駅の大型パネル広告につぎ込むようなことはしないでください。認知度は高まるかもしれませんが、それだけではターゲットがあなたの学童保育に足を運んでくれることはありません。さらに行動を促すような、ターゲットの行動や思考を意識したメディアを組み合わせることが必要となります。

ステップ④　お客様の心をつかむ「プロモーション」

### ■ メディアミックスの考え方

　ターゲットに情報を届けるための手段はたくさんありますが、予算は限られています。何を基準に選択すればよいのかは、地域やあなたの学童保育の特徴によって異なるので、これがセオリーだ、といえるものは残念ながらありません。しかし、ヒントは2つあります。

　1つは、ターゲットの行動に則して考えることです。どんな一日を過ごし、どういうふうに情報に触れているかについて、できるだけ細かく想像してください。

　例えば、次のような人物を想像してみてください。千代田区在住、外資系金融機関で働く38歳のA子さん。子どもは3歳と5歳の男の子。普段は19時過ぎまで働いています。子どもが生まれたタイミングで、低層型の分譲マンションを購入して住んでいます。このA子さんの行動パターンを考えてみましょう。

- 自宅で新聞はとっているのか？
- 保育園には誰がどうやって送り届けているのか？
- 通勤中は何をしているのか？
- 朝食や夕食の買い物・準備はいつ、誰がしているのか？
- 郵便物は、誰がチェックしているのか？
- 週末はどのように過ごしているのか？

　このA子さんの動線に添って、メディアミックスをしていきます。
　2つめは、できるだけ記憶に残るタイミングで宣伝することにより、効果を期待できます。引き続きA子さんの例で考えてみましょう。

- 小学生新聞に折込チラシを入れた翌日に、近隣の保育園前でチラシを配布するとインパクトがあるのではないか？
- DMはすぐに処分してしまう可能性が高いけれど、子育てや地域情報が掲載されている地域のタウン誌はチェックしている可能性が高いので、そこに広告を出せば反応が期待できるのではないか？

# 媒体別メディア一覧

## 電波媒体
- テレビ
- ラジオ

## 交通機関媒体
- 車内中吊り広告
- 駅のパネル広告
- 車内アナウンス広告
  (バスや電車のローカル線)
- タクシー内モニター広告
- タクシー内置きパンフレット

## 教室周り
- 置き看板
- 袖看板
- 窓看板
- チラシ配り（近隣保育園含む）

## その他
- ダイレクトメール、広告郵便物
- ポスティング
- 近所の回覧板広告

## 紙媒体
- 新聞広告
- 新聞折込チラシ
- 雑誌
  （働く女性向け、教育専門、育児専門、習い事専門）
- タウン誌
- フリーペーパー
- コミュニティ誌

## インターネット媒体
- ホームページ
- ブログ
- 検索ポータル地図・お店登録
- まとめサイト
- SNS
  （Facebook、Twitter、LINE、Instagram など）
- 検索ポータル広告
  （Google、Yahoo! JAPAN など）
- メルマガ広告
- インターネット掲示板

このように、具体的なターゲットのストーリーをイメージしながら、どんなメディアがよいのかを選定してください。

　ちなみに、弊社の場合、東京の港区エリアに最初の白金台校と4校目の表参道校を開校しました。同じ港区エリアなので、白金台校を開校するときに行なって効果があったものを表参道校の開校時にやってみたのですが、びっくりするくらい反応が違いました。

　例えば、港区にはタウン誌があり、ここに広告を出稿することができます。白金台校開校の際には反応がとてもよく、ここから体験イベントに10名前後の集客ができたのですが、表参道校ではなんと反応はゼロ。表参道校で反応がよかったのは、新聞折込チラシと、Googleのリスティング広告でした。また、表参道校が入居しているビルにとても評判のよい小児科があります。そこで、ビルの玄関前に、チラシをセットできる置き看板を設置したところ、最初の頃は1日で10通以上なくなった日もありました。また、近隣の保育園への事前挨拶を済ませたのちの、朝のチラシ配布は必ず行なっています。もちろん、その前後には新聞折込を行なっています。

　プロモーション予算は、ホームページ構築費を除くと、70万円に設定していますが、狭い地域であれば低予算でも短期間で認知してもらうことは可能です。あなたのターゲット・地域に合ったメディアミックスで、働く保護者たちの間で話題となるようなプロモーション活動を行ないましょう。

●東京都内のプロモーション例（内訳）

| メディア | 回数・期間 | 費用 |
|---|---|---|
| 新聞折込チラシ（印刷費含む） | 2回 | 20万円 |
| コミュニティ誌広告 | 2回 | 10万円 |
| Googleリスティング広告 | 4か月間 | 15万円 |
| Facebook広告 | 3か月間 | 10万円 |
| その他インターネット広告 | 2か月間 | 8万円 |
| 交通広告 | 1週間 | 7万円 |
| 合計 | | 70万円 |

開始時期：8か月前　必要期間：7日　費用：30万円（ホームページ構築費）

## 3 民間学童に必要な「SEO対策」とは？

### ■ SEOとは何か

　ホームページは、いまでは必要不可欠な重要メディアです。しかし、よいデザインやコンテンツがあればよいというわけではありません。

　必要とされるターゲットに検索させるための仕組みをもつことが重要です。これをSEO対策といいます。

　SEOとは「検索エンジン最適化（Search Engine Optimization）」の略称です。GoogleやYahoo! JAPANなどの検索エンジンで、キーワード検索した場合に上位に表示されることにより、ホームページからの問い合わせや、物販をしているサイトであれば購入数が高まることを指します。

　そのためには、自分のホームページに、その狙ったキーワードに合った優良なリンク先を集めたり（外部施策）、ユーザーに価値あるコンテンツを提供したり、適正に検索エンジンにページ内容が評価されるよう技術的にWebページを最適化したり（内部施策）することが重要なのです。

　と、簡単に説明してみましたが、初めてであればチンプンカンプンですよね。ホームページを初めてつくる方が、最低限理解してほしい情報と、具体的な方法について順番に説明します。

### ■ 変化し続けるSEO対策

　最初に覚えてほしいことは、SEO対策は変化し続けている、ということです。どういうことかというと、Googleが検索アルゴリズムを日々変化させているのです。ちなみに、GoogleとYahoo! JAPANは、日本ではパソコンとスマートフォン利用者が使う検索エンジン1〜2位のシェアを誇りますが、このYahoo! JAPANはGoogleの検索

エンジンを採用していることは有名な話です。Googleが検索アルゴリズムを変更する＝Yahoo! JAPANの検索アルゴリズムも変わる、というとてもインパクトがあることなのです。

　弊社の場合でも、2010年に初めてつくったホームページのＳＥＯ対策のうちいくつかは2018年12月現在では通用していません。そのため、最新事例ということで2018年の弊社のバンコク校の事例を紹介しましょう。バンコク校の話ですが、日本人を対象とした、日本語サイトの話なので、日本の学童保育において、そのまま参考にしていただけると思います。

　なお、インターネットで検索すると、ＳＥＯ対策業者のサイトがたくさんヒットします。これらの会社の多くは、入口は無料の成功報酬型が多いです。問い合わせれば教えてもらえますが、検索結果画面の1ページ目に載れば50万円とか、トップを獲得したら100万円といった料金設定になっています。つまり、業者が行なっても必ず成功すると約束はできないのです。仮に成功したとしても、それは一時的なことでGoogleのアルゴリズムやランクづけの仕組みが変更になれば表示は変わります。結局地道な努力が必要です。ＳＥＯ対策業者にお金を払うのであれば、自分で地道にＰＤＣＡを回すことをおすすめします。では、何をすべきなのでしょうか。

■ タイトルとmeta description（説明文）に集中する

　ＳＥＯ対策は、大きく内部と外部の2つに分けられます。
　内部というのは、自社のホームページでできることです。狙ったキーワードに対して、ホームページがその内容を網羅していて、ユーザーにとって有益であると思ってもらうことが大切です。大前提として、ホームページの内容が充実していなければなりません。
　そのうえでやるべきことは次の2つです。
　1つ目は、タイトルの設定です。タイトルは、そのホームページ全体の看板だと考えてください。自分たちにとって重要なキーワードを、

なるべく先に出してきて、30字以内にまとめます。

例えば、弊社のバンコク校の場合は、「バンコクで習い事・一時預かり土日対応ーこどもクリエ塾」です。

バンコク校では、2〜8歳向けの土日を含めた一時預かりと習い事をセットで行なっています。狙うべきキーワードは、「バンコクで習い事」が一番ですが、次の「一時預かり」は、土日に預かってくれるところを探す人が多いため、「土日対応」というキーワードと一緒に入れています。

このように、どんなキーワードで検索した人に見てもらいたいかを考え、タイトルを設定します。

2つ目は、meta descriptionと呼ばれる、そのホームページの概要を表すテキスト情報の設定です。表示順位には大きく影響しませんが、検索結果として表示されたときのクリック率に大きく関わります。さらにいうと、こちらもできるだけ短くなければなりません。

先ほどの弊社のバンコク校ですが、私は当初、テキストを短くすることができずに、以下のような設定をしました。

> 当初
>
> チャイルドケア&体験型学習スクール。2歳幼児から8歳小学生までの一時預かりと習い事を平日・土曜日・日曜日も開催します。おすすめ絵本の朗読や作文が学べる読み書き発表、理科実験、レゴ、アート、ダンス英会話を学べます。東京表参道、白金台で私立小学校や国立小学校の子どもに人気のプログラムをバンコクでどうぞ!(154文字)

ところが、ホームページをリリースしてから1か月。狙ったキーワードすべてにヒットしていませんでした。表示を確認すると、なんと下記の全く違う文章が出てきました。

> 書き換え
>
> こどもクリエ塾について．こどもクリエ塾(Children's school of Creativity, Leadership, Initiative and Expanded awareness of

world cultures）は、．クリエイティビティ（Creativity：新たに創造すること）．リーダーシップ（Leadership/Initiative：仲間の心を動かし、（ここで切れている）

　検索結果として表示される説明文は、Googleが自動生成するため、完全にはコントロールすることができません。Google側が不適切だと判断すると、自動で書き換えられてしまうことがあるのです。その傾向は、文字数が多い場合によく見受けられるようです。
　そこで現在は、下記の内容に変更しています。

[変更後]
　バンコクでお子様の一時預かりと体験型学習スクール。土日もOK！幼児から小学生までの一時預かりと習い事が充実。読み書き発表、理科実験、レゴ、アート、ダンス英会話を学べます。東京の子どもに大人気！（96文字）

　このような場合があるので、検索エンジンで関連キーワードを検索するなどして、自社のホームページがどのように表示されているかを定期的に確認すると安心です。
　学童保育の場合、学童保育であるということと開校する地域名を必ず入れます。さらに、独自のサービスについて謳ってもよいのですが、字数が多くなって私のようにGoogolのＡＩに書き換えられないよう、とにかく短くすることを意識しましょう。

## ■外部対策は地道に。ときどきリスティング広告を

　外部対策とは、外部からサイトを見たときの信頼度や関連性を高める方法です。ここでは、自分でいますぐコントロール可能な３つの方法を紹介します。

### ①ほかのサイトからの自然なリンク先

　１つ目の方法は、評価の高い（検索結果上位の）サイトからリンク

する（リンクしてもらう）ことです。

　ブログや紹介サイト、FacebookやTwitterも有効です。ただし、評価の低いサイトからのリンクは評価が上がらないどころか下がる可能性もありますので気をつけてください。

　例えば、民間学童の場合、民間学童保育施設をまとめたサイトやワーキングマザーのブログにリンクしてもらう＝掲載や紹介をしてもらう方法があります。ホームページができたら、「民間学童×まとめ」、「民間学童×探す」などのキーワードで検索して、上位の検索結果のサイト運営者に掲載してもらえるようにコンタクトを取ってみてください。

②アクセス数
　アクセス数が増えれば自然とホームページの評価は上がります。Googleのリスティング広告などを使い、アクセス数が増えれば、検索結果上位に表示される可能性が高くなります。リスティング広告を出稿するには費用がかかりますが、自分で予算設定することが可能なため、少額ではじめることもできます。

③ドメイン年齢
　3つ目に参考までにではありますが、ドメイン年齢という考え方をお伝えします。取得年数の長いドメイン名は評価が高くなります。そのため、できたばかりのホームページがなかなか効果を出せないのは当たり前といえます。コツコツとホームページのメンテナンスを続けていきましょう。

開始時期：8か月前　必要期間：継続　費用：なし

# 4 SNSのポイントは「無理なく継続的に」

## ■ SNSはコツコツと続けて初めて効果が出る

　SNSはすっかり定着しました。Instagramだけで物販したり、TwitterとFacebookだけでイベント告知をする、といった話もよく聞きます。

　しかし、だからといってSNSで一気に認知を高めていこうと考えるのは危険です。そもそもSNSとは、テレビCMのように誰もが一斉に見るわけではないので、瞬間風速的な成果は期待しづらいのです。じわじわとフォロワーを増やして、初めて効果が実感できます。

## ■ 学童保育向け流行りの三大SNS比較

　民間学童で、よく利用されている三大SNS（Facebook、Twitter、Instagram）を新規顧客の拡大を目的として利用するためには、すべてオープンアカウント（承認なしで投稿内容を見たり、フォローすることができる）に設定し、それぞれ次のような使い方をするのがおすすめです。

〈Facebook〉

　Facebookは、実際の取り組み内容を、必ず写真や映像つきでアップするとよいでしょう。また、スタッフ募集等、学童保育の組織運営に関わる情報も「いいね！」やシェアがされやすいです。

〈Twitter〉

　Twitterは、1日に3回以上を目安に、親近感が沸く、砕けた口語の表現で更新してください。ただし、学童保育の取り組みそのものよりも、公設学童を中心とした施設運営や社会全体の課題に関するつぶ

## Facebookへの掲載例

Gakudou Hoiku
2018年1月24日・

【学級閉鎖に伴う、朝からの臨時開校について】
2018年初の学級閉鎖による朝からの臨時開校。朝学習中です＾＾
お子様がインフルエンザや風邪に罹ってない場合には
朝8時半からお預かりいたします。
港区ではついにインフルエンザが流行警報基準を超えました。
みなさまもくれぐれもお大事にお過ごしください。
本日もお待ちしております!(^^)!!(^^)!

リーチした人数 766　　エンゲージメント数 119　　投稿を宣伝
Aさん、Bさん、他15人　　　　　　　　　　　　シェア1件

 いいね！　 コメントする　 シェア

ステップ④　お客様の心をつかむ「プロモーション」

やきのほうが拡散される傾向にあります。そこで、学童保育自体の取り組みだけでなく、学童保育の社会的な意義や関連するニュースのコメントとあわせてつぶやき、拡散を目指しましょう。対象は20代や30代前半のお母さんを意識します。

　ツイートの拡散を目指すのであれば積極的なフォローは不要ですが、フォロワーを増やしていきたいのであれば、最初は積極的なフォローも重要です。

〈Instagram〉
　Instagramは、更新頻度が低くてもよいので、綺麗でおしゃれな写真だけをアップしてください。綺麗な写真にハッシュタグでタイトルをつけ、アルバムをつくるようなイメージです。子どもの様子以外にも、モノや情景写真もおすすめです。フォロワー以外には届きにくいため、おしゃれママを中心に、あなたのアルバムを見てもらう＝フォロワーを増やすようにしましょう。ただし、積極的なフォローは不要です。

■ 長く続けるためのコツ

　弊社が1校目の民間学童を立ち上げた頃はアメブロが話題で、開校1年目は少しでも多くの人の目に触れてほしいという思いから、ワークショップの紹介を中心に毎日ブログを更新し続けていました。

　ようやく定員いっぱいになったところで、保護者全員にブログを見ているのか確認すると、なんとほとんど見ていないことがわかりました。でも、すべての記事において、一定数のＰＶがあったのです。ということは、読んでいるのは保護者ではなく、学童保育業界や教育業界の人ではないか、という仮説に落ち着き、いまではほとんどブログは書いていません。

　三大ＳＮＳの利用の仕方について紹介しましたが、もし、あなたの学童保育の利用者とＳＮＳ利用者ターゲットがズレていると感じたら、ＳＮＳを使わないということも選択肢の1つです。実施するので

## Twitter への掲載例

 遠藤奈央子 @ 学童保育　こどもクリエ塾　@kodomoclie 6月4日

東京で空き物件が 10 件あると、こども向けだと 7 件は内覧もできない。そして残りの 2 件は申し込みをしようとするとお子さんは静かにしてますよね？と確認をされる。公共スペースでマナーを守る、楽器を使わない等は守りますが、室内での遊びを制限させる場所は厳しい。引き続き都内も物件探しています！

 2　♡ 3　↑

## Instagram への投稿例

「いいね！」924 件
clienaoko #happyvalentinesday 😊
#子供喜ぶ #友チョコ #全員プレゼント #うさ耳 だよ

ステップ④　お客様の心をつかむ「プロモーション」

あれば、無理のない範囲で、結果が出るまで長期的に取り組める方法を選んでください。

### ■ 注意したい子どもの写真の扱い方

　SNSに子どもの写真を掲載してほしくない保護者もいますので、子どもの写真の扱いについて事前に確認しておきましょう。

　写真掲載のレベルとしては、次の4段階に分かれます。

> ①絶対不可
> ②顔の正面写真以外であれば可能（横顔OK）
> ③顔の正面写真も可能
> ④顔の正面写真、かつ子どもの名前も可能（雑誌等のインタビュー取材の場合のみ）

　誰がどのレベルに該当するのかを記録し、無用なトラブルは避けてください。

　一方で、横顔OKや正面写真OKの家庭では、家ではなかなか見ることができないプログラムなどに真剣に取り組んでいる我が子の表情を見つけるのを楽しみにしくれる方もいます。さらに、おじいちゃんやおばあちゃんにシェアして、喜んでもらった、という話もよく聞きます。

　なお、体験イベントや説明会に参加している入会以前の方の写真については、突然、撮影することは避けてください。

　イベント前に、撮影する目的や掲載される範囲（顔が正面に写るのか、横顔だけなのか、うしろ姿だけなのか等）を伝えて、承諾が取れた方のみ写真撮影を行なってください。

> 開始時期：7か月前　必要期間：11日　費 用：1,000円程度（麦茶代、材料費による）

# 5 | 口コミはデザインできる！最大の山場「体験イベント」

### ■ 口コミのデザインの仕方

　学童保育をグランドオープンする前に、口コミをどうやって広げてもらえばよいでしょうか。その最も効果的な方法は「体験イベント」です。

　開催時期は、9〜10月の学童保育を探す人が多くなる時期がよいでしょう。それに合わせてプロモーションも積極的に行なってください。また、それ以降も、学童保育の定員がいっぱいになるまでは、毎月1〜2回は体験イベントを定期開催するとよいでしょう。コンテンツは、いろいろなことを取り揃えるよりも、あなたの学童保育の特徴が最もわかる「鉄板」コンテンツをまずは1つ用意します。

　そもそも、口コミはどうして広がるのでしょうか。あまりお金をかけていないのに、短期間のうちに話題になったものを考えるとヒントが得られます。

　2018年夏、映画『カメラを止めるな！』を観た方も多いのではないでしょうか。Facebook等のSNSを使っている方であれば、何度もこの映画に関する投稿を目にしているはずです。最初にこの口コミを広めていた人たちは何がポイントだったのかを考えると、次の2つが挙げられます。

- 人に話したくなるポイントがある（シェアしたい）
- 何度も観たくなる（リピートしたい）

　この感情が、口コミを広げ、かつそれを聞いた人（見た人）に観てみたい！」という感情をもたらすのではないかと考えます。

## ■ 1か月で100人動員しました

　弊社のタイ・バンコク校の新規開校に際して、1か月間で延べ100人以上の日本人の3～6歳の子どもたちを無料体験イベントに集客することができました。開催目的は、保護者にこどもクリエ塾を知ってもらうことです。

　全く初めての土地で、ゼロからの立ち上げ、小さな子どもとその保護者に対して、短期間で地域の話題となるためにはどうしたらいいのか、という観点で参考にしてください。

## ■ イベントの開催目的と集客方法

　最初の体験イベントは、バンコクに教室ができたことを認識してもらうための打ち上げ花火的な存在で考えていました。

　そこで、できるだけ多くの子どもたちを集めること、絶対に満足してもらうことを目標に実施しました。

　集客手法は様々なフリーペーパーを選択しました。これは、バンコクに住む日本人で、小さな子どもがいる保護者に事前にインタビュー調査をした結果からの判断です。バンコクには様々なフリーペーパーがありますので、何をどのようにして読んでいるのかも事前に確認しました。

　結果としては、参加者の4分の1はフリーペーパー等のメディアによって、4分の3は口コミにより集客できました。さらに、実際にイベントに参加した方には必ず何を見て参加を決めたのか確認し、そのあとの利用媒体選定に役立てました。

　あなたの地域では、4～6歳の子どもがいる働く保護者たちは普段どのようなメディアから情報収集をされているのでしょうか。インタビュー調査（78ページ参照）でターゲットとなる方に事前に確認するだけで、集客の効率が変わります。必ず質問して、どんなメディアが有効か確認するようにしてください。

■ 1か月で100人を集客するためのイベント設計10の方法
## ①ターゲット数の考え方

　バンコクの日本人小学校の在籍人数は各学年350名前後です。インターナショナルスクールに通っている日本人もいることを考えて各年齢における日本人の3～6歳の子どもの想定人数380名×4学年＝1,520名をターゲット数と想定しました。

　67ページで説明した通り、開校を考えている地域には年齢別に何人の子どもがいるのか、自治体のホームページで調べることができます。さらに保育園のホームページでは年齢別人数を公表しています。実際の人数を公表していなくても、年齢別定員と年齢別空き人数は公表しています。ターゲット数は必ず把握しておきましょう。

## ②目標数字は逆算して考える

　最初の1か月間での入会者目標を35名とし、以下の目標数字の設定に基づき、120名の体験イベントへの参加、133名からの問い合わせという目標を定めました。ターゲットとなる子どもの人数1,520名に対して、イベント参加人数133名は、かなり高い目標となります。

　体験イベントからの入会率は80％以上を目指したいところですが、最初のうちは50％を目標にしてください。バンコク校の場合は初めての土地での無料イベントだったため30％に設定しました。

●目標数字の設定例（こどもクリエ塾バンコク校の場合）

```
入会者目標　35名
　≒入会率　30％　×　説明会・体験イベント参加人数　120名

説明会・体験イベント参加人数　120名
　≒来校率　90％　×　問い合わせ・資料請求人数　133名

問い合わせ・資料請求人数133名
　＝各メディアからの接点人数の総和
```

ステップ④　お客様の心をつかむ「プロモーション」

### ③参加費無料で参加人数は２割増える

　学童保育設立時の初めての体験イベントは、認知と話題づくりが重要です。入会者数等の状況を見ながら、参加費をどのように設定するか判断してください。

　イベント参加費を有料にすると、値段の高い・安いにかかわらず参加者数は、経験上２割減ります。

　弊社のバンコク校のように、初めての土地で話題づくりのためにとにかく多くの人を集めるのが目的であれば参加費は無料にしましょう。ただし、無料体験イベントからの入会率は非常に少ないのでよく考えてください。

　弊社の東京の学童保育４校は、開校２年目からは体験イベントを有料にし、参加費3,000円としています。

　有料にした理由は、各地域では一定数の知名度が得られたと判断したことと、無料にすると「無料だから」という理由で、エリア外から足を運んでくる参加者が必ずいるためです。開催の目的が、今回のバンコク校のような話題づくりであればとてもありがたい話ですが、入会促進を目的とした少人数制のイベントでは、趣旨が異なる参加者がいると、どうしても違った雰囲気になってしまいます。ほかの保護者が子どもの預け先を真剣に検討されている中で、「楽しそうだからイベントにきました！」というノリの参加者がいると、浮いてしまい、全体の雰囲気も学童保育を検討する雰囲気ではなくなってしまうからです。

### ④子どもの満足が第一

　体験イベントは、子どもに楽しいと思ってもらうことを最優先にしましょう。

　子どもが喜ぶ要素は、驚きと発見。そして、できた・参加したという満足感です。ちょっとした工夫ですが、例えば説明するときも、一方的に説明するのではなく、選択型のクイズ形式にして子どもに考えてもらうだけで、子どもが主体的に参加することができます。

驚きの演出のキーワードは「ギャップ」です。実験で何か変化が起きて一番びっくりする場面は、予告なしで、あえて平静に授業を進行して、突然びっくりすることが起きることで「ギャップ」の効果をさらに倍増させます。

### ⑤イベント中の説明は専門用語をあえて使う

　必要な専門用語は、省略しないであえて使いましょう。ただし、子どもの目線で補足することと、ここでも小さなクイズ形式で子どもに参加してもらうことを忘れないでください。
　例えば、クエン酸という実験材料を説明するときは、次のようにコミュニケーションを工夫します。

> 先　生「クエン酸は、レモンや梅干しのような酸っぱいものから
> 　　　　つくられているお薬です。でも、今日は実験なので食べ
> 　　　　られ……」
> 子ども「（食べられ）ません！」

　本当に些細なことですが、子どもは自分が一言発しただけで、その専門用語を覚えることがあります。
　なお、話している対象は子どもたちですが、同時に保護者向けの説明でもあります。子どもは楽しんでいるけれど、きちんと学びにもなっている、という安心感も提供しましょう。

　なお、参考までに、弊社では学童保育スタッフは全員〇〇先生と呼ぶことにしています。体験イベントのときから、「遠藤先生です。よろしくお願いします」と子どもたちにも自己紹介しています。そして、子どもたちは、下の名前で〇〇ちゃん、〇〇くんと呼びかけています。スタッフ間の呼称や、子どもたちにどう呼んでもらうのか、子どもたちをどう呼ぶのかを事前に決めておいてください。

⑥写真・ビデオ撮影を許可する
　イベント開始前や最中には、必ず写真やビデオ撮影は自由であることをアナウンスしてください。念のため「ほかのお子様に配慮していただいたうえで」の一言があると、より親切です。子どものイベント中は、ほかの子もいる手前、写真撮影をしたくてもしづらいものです。スタッフのほうから積極的に声をかけてあげてください。
　また、イベントの一番の山場のときには、その子の保護者には撮影の準備ができているかの声かけも、余裕があればしましょう。

⑦"思い出の1枚"を演出する
　イベントは、思い出に残る写真を撮れるか、ビジュアルを意識して設計します。保護者が綺麗な写真を撮影できれば、SNS等にアップして、いろいろな方に紹介してもらえるからです。
　シェアしたくなる写真撮影を演出する方法は、写真映えする理科のガラスビーカーなどの専門的な器具や材料を用います。また、子どもたちには白衣を着て参加してもらっています。もちろん白衣を着て防護するような危険な実験も洋服が汚れる実験もありません。でも、子どもたちの白衣姿に保護者たちはニッコリです。
　デモンストレーションは、子どもからも見えやすく、かつ撮影しやすい位置で行ないます。同じビーカーを掲げて見せる場合でも、中身がしっかりと見えるもち方（上の口だけをもつ）を徹底しています。整理整頓をつど行ない、綺麗な状態をつくります。せっかく綺麗な写真が撮れたのに、実験のゴミが丸まっていたり、台拭きが汚く映っていることがないよう配慮しましょう。

⑧少し難しいことにもチャレンジできるようにする
　簡単な課題だけを用意するよりも、少し難しい内容を設定しておくことも有効です。
　そうすることで、「（一部は）一人でできた！」という満足感をもちながら、一方で「全部は一人でできなかった」というよい意味で「リ

ベンジしたい！」という気持ちになるため、後日友だちを誘って、再度参加する子もいます。

### ⑨話題になるように子どもがつくったものをお土産にする

　お土産のいいところは、子どもが周りの人たちに説明してくれることです。それにより、イベントに参加していないお父さんや、同じマンションに住んでいる人にも興味関心をもってもらえます。実際、私が行なった体験イベントでも「同じマションのお友だちから聞いて参加しました」という方が大勢いました。

### ⑩期間限定で実施する

　どんなに好評でも、長く開催する必要はありません。終了期間を告知することで、「早く行かなくては！」という気持ちにもなります。期間を限定し、次は本来のサービスへと移行させていきましょう。

　学童保育が定員に達していない場合は、月2回の限定開催等に変更することにより、プレミア感があり、かつ効率的に集客を行なうことができます。

　子どもの笑顔と感動に勝るものはありません。この笑顔と感動がシェアされて、さらにリピートを生み出してくれます。まずは、目の前の子どもを満足させるためにはどうしたらいいのか、細かい改善を重ねながらあなただけが提供できる体験イベントをつくりましょう。

| 開始時期：7か月前 | 必要期間：1日 | 費用：なし |

# 6 お客様を悩ませない説明の仕方と提示すべきこと

## ■ 30分で上手に収まる説明会の流れ

　体験イベントと説明会を連続して開催する場合、それぞれの開催時間を設定し、あらかじめ告知しておきます。弊社の場合は、体験イベント90分、説明会30分（個別解散）としています。

　体験イベントは、月ごとに内容が変わるので、幼児教室替わりやプレ学童の位置づけで、毎月参加される方もいます。また、まずは保護者だけ説明会に参加して様子を見てから体験イベントに参加する、という方も多いです。

　説明会では、次の順番で学童保育についてお話ししています。

● 説明会で伝える内容

> ① 全体の定員と新1年生の定員
> ② スタッフ体制
> ③ プログラムの説明（目的と取り組み例）
> ④ 1日の過ごし方
> ⑤ 料金体系
> ⑥ よくある質問（夏休み、有事の対応）
> ⑦ 入会受付方法
> ⑧ 全体質問の受付（あれば）

　ここまでゆっくりしゃべって30分程度です。一度、全体に対して締めの挨拶をして、あとは個別にゆっくり質問に対応しています。

　忙しい方でも30分であれば、なんとか時間をつくって駆けつけたいと足を運んでくれています。

　また逆に、事前に質問リストをつくって細かく質問してくる方には、

別途時間をつくって対応してください。

### ■アンケートは必須

　体験イベントでは必ずアンケートを実施してください。ただ「楽しかった！」ではなく、アンケートの設問により、本来の体験イベント開催の目的を保護者にも思い出し、考えていただくことができます。
　具体的には、次の通りです。

- ○○に興味はありますか？（○○はあなたの学童保育のウリ）
- 教室を選ぶポイントは何ですか？
- 子どもがやりたい・通いたいといったら通わせますか？

　○○に入るキーワードは、あなたの学童保育のウリであり、体験イベントの内容と一致させてください。例えば、毎日おやつを手づくりする食育にこだわる学童保育であれば、もちろん○○は「食育」。つまり、「食育に興味はありますか？」となります。
　目の前で子どもが楽しんでいて、回答が全部イエス、もしくはあなたの学童保育のウリに興味があるのであれば、保護者が悩む必要はなくなります。
　なお、アンケートは、体験イベント終了後（説明会開催の前）に回収してください。

### ■些細な不信感ももたせない事前準備

　人はちょっとでも不信感があれば、その場で契約・購入することを躊躇します。特に、日本人はその傾向が強いように感じます。
　例えば、説明会資料の数字のミス、資料の誤字脱字なども、入会率を下げる要因になります。体験イベントは、学童開校準備の中でも疲労が最高潮のタイミングと重なる可能性が高いです。資料等は、事前にゆとりがあるときにつくって何度も見直す、またチェックが得意な人に事前に見てもらうなどして、ミスのないようにしましょう。

■ 損をする可能性を排除する

　人はちょっとでも損をする可能性があれば、やはりその場での契約・購入を躊躇します。説明会でよく聞かれるのが夏休み等の長期学校休暇時等で通えなかった場合の対応についてです。

　よくある質問は、事前に説明会で案内するようにし、また説明会で質問されたらスムーズに答えられるように準備しておきましょう。

■「いま決める」状況をつくる

　人は、意思決定することに対して無意識に負担を感じてしまいます。いま決めなくても大丈夫だと思えば、契約や購入を先送りしてしまうのが自然です。だからこそ、いま決める必要性をきちんと説明して、意思決定をしやすくしてあげましょう。

　具体的には、入会キャンペーンが締切間際であること、学童保育の定員がいっぱいになる可能性について案内してください。あとで申込みにきたとき、定員一杯になっていて入会できなかった、と後悔させてしまわないように決断しやすい状況をつくってあげましょう。

■ そもそもの必要性を説明する

　民間学童への入会を検討している場合は、ほかの民間学童と迷っている場合もあれば、公設学童とあわせて検討している場合も多いです。しかし、公設学童は、1か月通って利用料金1万円前後ですので、全く違う世界です。

　公設学童と迷っている方には、曜日によって使い分けをすることで公設学童と併用できること、かつあなたの学童保育に通った場合、どんなお子様の未来が期待できるのかを説明しましょう。

# 安定した経営を持続させる「顧客満足運営」

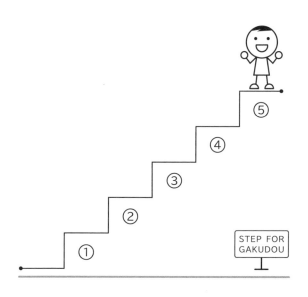

# 1 | 収支シミュレーションと経営指標で安定経営を実現

■ **黒字化のための最低ラインを明確にする**

学童保育の経営者として、利用者のために一番に取り組まなくてはいけないことは、継続的な安定経営です。どんなによい取り組みをしても、経営が立ち行かなくなり途中で閉めることになるのが、通っている子どもたちにとっても、また保護者にとっても一番困ることです。そのために、具体的な物件やサービスが決まったら、まずは収支シミュレーションをしっかりと行なってください。

次ページ図の具体的な数字をもとに損益分岐点について説明していきましょう。

前提として坪単価8,000円、31.25坪(約103.305㎡)の事務所を借りることを想定しました。東京であれば、八王子をイメージしてください。

提供サービスは、学校の宿題や持ち込みワーク・進学塾の宿題などのグループ指導です。

1日の最高人数(定員)は35名としました。仮に35名を同時に預かっても、一人当たりの面積は2.95㎡ですので公設学童1.65㎡基準と比べてもゆったりとしています。

適正人数の目安と提供サービスは、以下の通りです。

| 14名以下 | 家庭と同じ生活環境、個別学習 |
|---|---|
| 15名〜40名 | グループ学習、選択型学習 |
| 40名以上 | 預かり(おやつ、宿題サポート、任意で夕食あり) |

あなたのサービスのウリは何で、そのためには適正人数はどの程度

## 損益分岐点最低ライン（税抜き表示）

定員：35名
開校時間：13時〜19時半
提供サービス：学校と塾のグループ型補習
月額料金：週5日利用で60,000円（税別）

|  | 損益分岐点 |
|---|---|
| 子どもの人数 | 8名 |
| 月間売上 | 480,000円 |
| 月間費用合計 | 441,080円 |
| 人件費（パートタイマー1名） | 132,000円 |
| 家賃 | 250,000円 |
| 広告宣伝費 | 20,000円 |
| 光熱費・おやつ・その他 | 39,080円 |

なのかを決め、最終的には物件が決まってから、その物件の広さによって定員を決定してください。

経費については、新1年生を4月から受け入れたグランドオープン以降（プレオープン9月〜3月までの経費は含めていません）の期間のものです。それ以前の費用目安については、各ステップに明記してありますのでご参照ください。

まず、広告宣伝費ですが、夏休み需要に対する告知・集客向けに6月と、次年度新1年生向け募集告知向けに9月に実施するための年間予算24万円を月単位で均等計上しています。

媒体は、Googleリスティング広告1か月間、新聞折込チラシ2回、またはタウン誌への広告掲載2回を6月と9月に実施することを想定していますが、実際にはプレオープン時期に効果が高かったものを選定して行なってください。

人件費は、1日5時間のパートタイマー1人を毎日雇う想定です。あなたの人件費は含めません。利益＝あなたの給与と考えましょう。

　教材費・光熱費・おやつについては、光熱費1万円、通信費で8,000円、その他費用で7,000円。その他費用は、コピー用紙やトナー、子どもにリクエストされた新しい本、トイレットペーパーなどの消耗品や、鉛筆削り器が壊れて買い直す等、日々の細々とした費用です。毎月7,000円はかからないと思いますが、例えばプリンターのトナーは高く、全色買うと4万円ほどになります。年間で考えると8万円程度は見積もっておいたほうがよいので、7,000円と仮設定しました。

　おやつは、生協でまとめて購入し、子ども一人あたりの1食の平均価格は、80円で想定しています。

　次に売上についてですが、週5日通った場合の月額料金を6万円と想定しています。1週間あたりの利用回数を、どこまで細かく設定するかはあなた次第です。弊社の場合は週1～5日すべての回数設定をしていますが、週3日以上の設定しかない学童保育もあります。また、全員が週5日くるわけではないので、実際には週5日の子どもが6人で、週2日の子どもが5人かもしれません。様々な利用ニーズが分かれているでしょうが、計算をシンプルにするためにここでは子ども8名、週5日利用、月額料金6万円で考えていきましょう。

　以上が損益分岐点最低ライン週5日利用の子ども8名の場合の各費用の内訳です。

　なお、スタッフの配置は、子ども8名につきあなたを含めて大人1名＋αで設定しました。ただし、8名以下の場合でもあなたのワンオペでは様々な支障がありますのでスタッフ1名の2名体制は必要となります。最初はあなたも含めて不慣れなので受け入れ人数に対してスタッフの数を手厚くしたほうがよいでしょう。

　以下は、グランドオープン1年目からの3か年計画を説明します。3か年計画で考える理由は、毎年継続的に新1年生を受け入れていく必要があるので、定員35名であれば、過半数の18名を毎年の新1年

## 3か年計画　子どもの人数と収益モデル

|  | 損益分岐点 | 1年目 | 2年目 | 3年目 |
|---|---|---|---|---|
| 子どもの人数 | 8名 | 20名 | 30名 | 35名 |
| 月間売上 | 480,000円 | 1,200,000円 | 1,800,000円 | 2,100,000円 |
| 人件費 | 132,000円 | 264,000円 | 396,000円 | 396,000円 |
| 家賃 | 250,000円 | 250,000円 | 250,000円 | 250,000円 |
| 広告宣伝費 | 20,000円 | 20,000円 | 20,000円 | 5,000円 |
| 教材費・光熱費・おやつ他 | 39,080円 | 60,200円 | 77,800円 | 78,900円 |
| 月間費用合計 | 441,080円 | 594,200円 | 743,800円 | 729,900円 |

生の定員として設定する必要があるということです。

　もし、最初の年に希望者が多いため、例えば30名受け入れたとすると翌年の新入会の受け入れを10名以下にしにくいため、大きな教室に移転しない限り、受け入れを断ることになります。あまり断る人数が多くなると、「あそこの学童保育は、ほとんど入れない」といった口コミが広がり、翌々年度以降のマーケティングに響いてきますので注意が必要です。3年間で最大定員を受け入れるように考えて集客してください。

　4月開校までに7か月間の準備期間があれば、新1年生を中心に週5日利用の子ども20名を集めることは、エリアをきちんと選べばそれほど難しくはないでしょう（66ページ参照）。ただし、2年生以上の子どもが、既存の学童保育等をやめてあなたの学童保育に入会してくるかどうかは、提供するサービスや地域の公設学童の事情次第です。例えば、地域の公設学童が夜6時までしか受け入れていなくて、あなたの学童保育が19時半まで預かりサービスを行なう場合は、2年生以上の子どもも数名は入会すると思います。

## ■ 1年生〜2年生への歩留まりと1年目最大人数

　開校1年目はキャパシティに余裕があるので、1年生〜2年生の歩留まりを想定して、定員ぎりぎりまで受け入れましょう。1年目の最大受け入れ人数は定員35名の場合、新1年生22名で考えてください。

　1年生〜2年生へ進級する際の、学童保育利用率の歩留まりは8〜9割を想定して考えます。2年生で学童保育を完全に退会する子どもは、転勤などの特殊な事情がなければ滅多にいませんが、習い事などを理由に通う回数を減らす傾向が一部あるためです。

　例えば、週5日通っていた子どもが、週4日に減らして、その減らした日は学童保育を利用せずスイミングスクールに通うなどの利用回数変更が1〜2割程度発生します。

　利用回数を変更する家庭は、おじいちゃんやおばあちゃんが一緒または近所に住んでいる方が多いです。毎日孫の面倒をみるのは大変だけど、週1回の習い事の送迎であれば子育てに協力してくれる元気なシニアの方は多くいらっしゃいます。

　また、最近ではスポーツクラブが学校まで子どもたちを車で迎えに行き、スポーツ施設でおやつを食べ、運動をして帰るという、「専門スクール＋学童保育」を、週1日程度利用するために、進級を機に利用回数を減らす場合もあります。

　一方で、8割以上の子どもたちは、何か新しい習い事を増やしたとしても、新1年生の頃から通う学童に週5日通い、学童を拠点にしてほかの習い事に通う場合が多いでしょう。

## ■ 2年生〜3年生の歩留まり

　開校3年目になると、定員オーバーになるのではないかと心配になるかと思いますが、心配しなくても大丈夫です。

　1年目に受け入れた子どもたちは3年目になるタイミング、つまり2年生から3年生に進級する際には、対前年利用回数の50％以下となる傾向があります。

　その理由は、3年生になると下校時間が遅くなるため、学童保育を

利用したとしても短時間のみになるからです。そこで、学童保育を利用しない、という選択をする家庭が多いです。

さらに、3年生になると、一人で自宅に帰る、留守番をする等、一人でも行動できるようになるため、学童保育は不要になる子が増えるのです。

2年生の頃は、学童保育を拠点に習い事に行っていたとしても、3年生になると、家に帰って一人で習い事に行くことができます。保護者も、全く予定がないのに一人で留守番をさせているのは心配だけど、学校が終わって家に帰り、おやつを一人で食べて、塾に行かせる（そして、塾が終わる頃に迎えに行く）ことはさせてみようと考えるのは3年生からが多いです。弊社でも、いままで学童保育に週5日通っていた子のほとんどが、3年生になると週2～3日以下の利用へと変わります。

一方で、公設学童の受け入れを1～3年生に限定している地域もあります。この場合は、一部4年生の受け入れも想定してください。子どもがどんなに大きくなっても、子ども一人で自宅に帰宅させ、過ごさせることが心配だと考える家庭も一定数あります。

こうして、毎年定員の過半数は新1年生を受け入れる一方で、既存生がそれぞれの事情で通う回数を減らすので、毎年定員いっぱいになるサイクルをつくることができます。

### ■ 入会金は子どもたちのために使う

197ページ図の「3か年計画　子どもの人数と収益モデル」には、反映されていない売上要素が3つあります。

1つは、入会金です。入会金の売上計上月については、今後決算をする際に、税理士と相談してください。ここでは、営業上の施策の観点からのみ説明します。

入会金は、営業上の施策においても、また利用者のためにも必要なものです。入会金は1万～3万円として問題ありません。安くはありませんが、この金額で躊躇される方であれば、入会後の月額費用の支

払いについても厳しくなるので、お互いのためです。また、入会金は利益として考えるのではなく、子どもたちの損害保険料（163ページ参照）と、毎年の教室備品購入代として考えましょう。もちろん、最初は週5日通っていた子が、2年目に週3日、3年目になると週1日と通う日数は減っていく可能性は高いですが、平均すると3年間はあなたの学童保育に通い続けてくれます。教室に置いてある本やおもちゃがずっと一緒ではつまらないでしょう。例えば、3月になったら、4月の新1年生の受け入れ準備を行ない、子どもたちと一緒に新しい本やおもちゃを選ぶというのはいかがでしょうか（効果と方法については、206ページ参照）。

### ■ 入会金は早期入会割引に利用する

　入会金を設定する場合、全額売上計上することは考えないでください。体験イベント開催から1か月以内、また2年目以降は、一般的な学童保育入会がはじまる月までに入会してくれた方には、入会金半額の適用を案内することで、早くから興味をもっていただいた顧客にも満足してすぐに入会してもらえます。

　また、91ページで紹介した大手4社の福利厚生サービス会社と契約する場合には、会員特典として入会金半額サービスを提示するとよいでしょう。

　入会金の支払いは、「お申込み手続きと同時」、そして「キャンセルしても返金なし」を強くおすすめします。

　入会時に何も払う必要がない、またはキャンセルしたら入会金が戻ってくるようにすると、どうしても、とりあえず入会しておこうと申し込む人が増えてしまいます。4月になってみたらキャンセルする人がたくさんいた、ということでは、キャンセル待ちの方に申し訳ありません。

### ■ 更新料金の設定

　「3か年計画　子どもの人数と収益モデル」に反映されていない売上

要素の2つ目は、「更新料」です。

　入会者には利用開始から丸一年後のタイミング、つまり2年目の4月に学童保育利用料金とあわせて、更新料も請求します。

　更新料は利益に計上するのではなく、子どもの保険料と教室備品購入に充当していくためのものです。また、更新料の徴収を予告することで、もし3月末退会を検討している利用者がいたら、早めにその旨を知らせてもらうことも期待できます。

### ■ 夏休みは既存生以外の児童も受け入れる

「3か年計画　子どもの人数と収益モデル」に、反映されていない売上要素の3つ目が、「長期学校休暇時の売上」です。夏休み等は朝から営業しなくてはいけませんので、人件費が2倍必要です。最低でも、この分はもち出しとならないように料金を設定します。

　朝から子どもを預かるので、特別料金体系を設定してかまいません。ただし、この分の売上が上がる、と考えるのは早いです。子どもたちは、キャンプに行ったり、おじいちゃん・おばあちゃんの家で1か月丸々過ごしたり、と長期にお休みする子ども（特に1年生の子ども）が多いです。ですから、あらかじめ既存生にヒアリングを行ない、ある程度空きがあるようでしたら、普段は利用していない子どもたちも長期休暇時は受け入れたほうがよいでしょう。

## 2 利用者を選ぶ勇気が利用者を守る

■ 営業中の見学を断る勇気をもつ

　学童保育の運営がはじまると、日々様々な判断をしていくこととなります。その判断によっては、ある人の要望に応えることにはなるけれど、一方で別の人にとっては不利益になってしまうこともあります。何かを選ぶことは何かを捨てることにある、という経営判断を毎日していくわけです。

　すぐに直面する問題が、入会を検討している方が、学童保育で子どもたちが過ごしている実際の様子を見学したいと申し出た場合です。さて、あなたならどうしますか？

　入会を検討している保護者の気持ちに立てば、実際の様子を見たいというのは至極まっとうな要望だと思います。

　しかし、預かっている子どもたちとその保護者の立場で考えるとどうでしょうか。頻繁に、見知らぬ大人がやってきては、自分たちの様子を見ているというのは、あまり気持ちのよいものではありません。

　また、セキリティの観点からも、事前予約制にして個人情報を提出してもらったところで、その人が本当にその個人情報通りの人物かはわかりません。かといって、例えばその人の勤務先に電話して在籍確認をしたり、免許証などの公的な身分証明書を提出してもらったりするのは、仰々しく、かつお互いにいろいろな意味で負担がかかりますので現実的ではありません。

　弊社の場合は、開校4年目以降、すべての方に営業中の見学をお断りしています。理由は次の3点です。

①子どもたちの中には、見知らぬ大人がくると興奮してしまう（なぜか、普段しないような悪ふざけをする子が必ずいます）等、落ち着

いた日常生活に支障をきたすことが判明したため
②明らかに保護者ではない人が集団で見学にきて、とても不快な思いをした（させてしまった）ことが、複数回あるため。これにより、適切な情報を提出されても受け入れざるを得ない見学対応は、セキュリティの観点からも限界があると判断したため
③リクエストが多く、全員一律に対応することができないため

　営業中の見学は、新規の顧客にとってはかなり関心の高いことです。見学の要望をお断りすることは、どんな理由を挙げたとしても、新規顧客の開拓に影響が出てきます。ですから、ここはあなたが経営判断としてじっくり検討してください。
　例えば、「定員が埋まらないうちは、営業中の見学を受け入れるようにし、いっぱいになったら営業中の見学は受け入れない」という方法もあります。弊社では、前述したように定員状況を問わず、営業中の見学はすべてお断りをしており、既存生の生活を優先させていますが、これも考え方の1つです。

### ■ 全員を受け入れますか？

　もっと悩ましいのが、入会希望者全員を受け入れるかどうかの問題です。これは、あなたがどんなコンセプトでどんなサービスを提供しているのかに関わってきます。つまり、通ってきている子どもたちの保護者は、何に価値を感じてお金を払ってくれるのか、という問題です。
　もし、様々な理由で子どもたちに対する価値提供ができないことが生じるのであれば、その理由となる問題を解決しなくてはいけません。これは経営者の責任です。
　例えば、よくある問題の1つが、椅子に座っていることができない子どもや、癇癪を起こして反射的に物を投げたり、人に当たる子どもの存在です。いま、公立の小学校の2割以上は、席に座っていられない子がいる、という話をよく聞きます。実際、授業参観等でこういった

様子を目撃されたことがある方もいるかもしれません。もし、教育プログラムがウリの学童保育で、集団学習ができない子どもがいると、ほかの子どもたち全員の学習も中断せざるを得ません。

その問題が解決できるように取り組み、ときにはその子の保護者にも理解してもらい、協力して取り組む必要があります。どうしても解決することができず、結果として多くの利用者に迷惑をかけるのであれば、退会してもらうことも必要です。そのために、事前に受け入れる子どもの基準を入会案内・入会規約等で明示しておくことも重要になってきます。

### ■ 利用者を守ることが経営者の義務

弊社では、「ほかのお子さまに迷惑をかける場合には、入会をお断りする場合がある」旨を入会規約に記載しています。しかし、子どもの個性の問題もありますし、また成長過程での一時的な問題でもあるので、受け入れお断りの判断は、とても難しいものです。

例えば、1年目は自分が思う通りにいかなくなると、教室で大の字になって泣き出したり、ほかの子に当たり散らしていた子でも、2年目、3年目になると、頼もしいお兄さんお姉さんになってくれたりもします。また、一時期な反抗期で下の学年の子に意地悪をするので全く目が離せなかった子が、いまでは下の子を一番かわいがって遊んでくれる先輩になってくれた事例も知っています。そして、いろいろな状況の子がいると、周りの子が、他人に対してやさしくなってくれるのもよい面です。

一方で、弊社ではカリキュラムの1つとして、理科実験教室を行なっています。ガラスビーカーやアルコールランプなど、本格的な実験器具を用いた授業です。正直、5歳の段階で20分間椅子に座っていられなければ理科実験はできないと判断しています。万が一、その子が突然席を立って、隣の子を押して、はずみで実験器具にぶつかったりしたらと考えると危険すぎます。かといって、その子1人のためにスタッフがつきっきりになっていたら、逆に学童保育の運営に支障

が出てしまうからです。

　一度入会してから様子を見て退会をお願いすると、その方にとっては、年の途中からほかの学童保育を探すこととなるので、本当に大変です。ですから、もし、体験イベント中に、どうしても受け入れが難しいと判断したら、判断を後回しにせず、入会を見合わせもらう、または一部のカリキュラムや曜日を2年目以降に選択してもらい、ほかの公設学童と併用していただくことをおすすめします。

　利用者を選べる立場にないことはわかります。しかし、あなたにはすべての利用者を守る、すべての利用者に対価にあったサービスを提供する義務があることも忘れないでください。

### ■ マルチ商法・政治・宗教への勧誘を禁止して利用者を守る

　弊社では、「ほかのお子さまに迷惑をかける場合には、入会をお断りする場合がある」旨に加えて、入会案内で明確に禁止しているのが「マルチ商法・政治・宗教への勧誘活動」です。これは、個人の思想を否定するものではありません。しかし、学童保育内での勧誘活動は禁止してください。

　子ども同士が仲よくなったお母さんに、ある政治家の投票をお願いされたりしたら、自分の子どもを遊ばせたいとは思わないですよね。様々な価値観の方がいる世の中だからこそ、まさか起きないよね、ということも書面にして、利用者を守ってください。

# 3 子どもと共に学童保育をつくろう

■ **図書室をつくろう！**

　弊社の場合、1校目の教室は、教室のデザインや家具もすべて専門家と一緒に子どもたちがつくりました（216ページ参照）。

　それ以外にも、図書室の本の選定や、本の陳列、貸し出しルールを含めて、すべて子どもたちと決めたのです。

　具体的には「図書室をつくろう！」というゴールに対して、次の5つのことを行ないました。

①この学童保育で過ごすうえでどんな本が必要なのか、学びたいのかを考えて、発表し合う
②自分が読みたい本や、お父さんやお母さんが子どもたちに読んでもらいたい本をインタビューしてきて発表し合う
③どんなふうに本が陳列されていたら便利なのかを、学校や本屋さんで学ぶ
④自分が好きな本を友だちに読んでもらえるように、本の紹介文を書いて発表する、また陳列する
⑤自宅への貸し出しルールを決める

　本の選定でも、私がひとりで選べば30分程度で終わることを、子どもと一緒に行なうために下準備に時間をかけました。

　例えば、本の選定に際しては、『絵本作家73人の話』（イラストレーション編集部、玄光社）や、世界地図にあわせて様々な絵本について発見できる『クレヨンハウス　絵本スクール―大事なことをぜーんぶ「学べる」絵本ガイド』（クレヨンハウス）を読んで参考にしました。

　さらに、丸善ジュンク堂書店の方に協力してもらい、子どもたちは

事前にインタビューの練習をして、子どもたちと一緒に丸善丸の内本店で視察とヒヤリングを行ないました。

　私の場合、丸善に勤める知り合い経由でお願いして実現したのですが、もしあなたが同じことをしてみたいと思われたら、地域の大きな書店に、学童保育施設開校時の書籍すべてをそのお店で購入する前提でお願いしてみてください。書店側としても、お店が混まない時間帯に1〜2名の店員が数時間対応するだけで、あなたの学童で準備すべき絵本や図鑑、辞書などの本をすべて購入してもらえるのであれば、協力したいと考えることが多いでしょう。

### ■ 子どもと図書室をつくることによる学びの効果

　子どもと一緒に行なおうとすればすれほど様々な手間がかかりますが、それでも強くおすすめする理由は学びの効果が高いからです。

　実際、子どもたちは「図書室をつくる」という目的に対して、何をまずは考えればよいのか、目的志向を学び、そして実際に体験することができました。そして、このプロセスを通じて、本や自分たちがつくった図書室の運営に愛着をもってくれるので、本をとてもよく読み、そしてとても大切に扱ってくれます。

　特に、このイベントを経験した年と、それ以降に入会した子どもたちの本に対する扱いや読書量の差が大きいことに気づきました。それ以降、毎年3月の終わりに、一定数の本の購入を子どもたちにゆだね、あわせて図書室の新ルールの設定を行なっています。子どもたちは、4月から入ってくる新1年生を思い浮かべながら準備をすることで、お兄さんお姉さんへと気持ちを変化させていくこともできるのです。

### ■ 学童保育でのルールも子どもたちとつくる

　ルールを決める必要性は、図書室以外にもたくさんあります。例えば、日常茶飯事である子どもの衝突。実に些細なことが原因です。Aちゃんがおもちゃをいつまでも貸してくれない、だからBくんがAちゃんのおもちゃを取り上げた、といった類のことは毎日のように起

こります。何か衝突が起こるたびに大人が呼ばれ、両者の言い分を聞いて解決していてはきりがありませんし、子どもたちの成長にもなりません。

　弊社の場合は、ある程度子どもたち同士の衝突やトラブルが起きるようになった頃合いを見て、子どもたち全員との話し合いの機会をつくり、次のようなことを話し合います。

- 子どもたちにとって、この教室は何をする部屋なのか？
- どんなふうに過ごしたい部屋なのか？
- そのためには、どんなこと（ルール）が必要だと思うか？
- もしもルールが守れないことが起きたらどうしたらいいのか？

　ここでも、学童でどんなふうに過ごしたいのかという目的とそのために必要なことからブレイクダウンして考え、実際にそのルールなり決まったことを守ってもらいます。子どもたちが自主的にルールをつくりながら、快適な空間をつくってくれるのです。

　新規オープン校はすべてが初めてなので、学びの要素がたくさんあります。また、4月に新しい子どもたちが入ってくると、既存生たちは先輩として様々なルールを教え、推奨してくれる頼もしきメンターにもなってくれるのです。

## 4　経営を安定させるために継続的にすべきこと

### ■ 2年後に向けた種まきを継続的に行なう

学童保育の安定経営のポイントは、2年後に利用者となる可能性がある保護者にリーチし続けることにあります。つまり、年中さんの子どもをもつ保護者とできるだけ接点をつくるのです。なぜなら、口コミをつくってくれるのは、情報感度が高く、動きも早い保護者だからです。

やや動きの早い保護者は子どもが年長さんの6月に、大多数の保護者は子どもが年長さんの9月に情報リサーチと公設学童や民間学童の施設を訪問します。

一方で、動きの早い保護者は丸一年前、つまり年中さんの6月から学童保育の説明会や見学会、体験イベントに参加したり、実際に学童に通っている方からヒヤリングをして情報収集を行なっています。その情報を、保育園の同学年の友だちや同じ地域に住む友だちの保護者にSNSでシェアしたり、口コミで広げたりしてくれるのです。

その結果、9月に初めてあなたの学童保育の説明会に参加された年長さんの保護者は、実はある程度の情報を把握して、入会するイメージをもったうえで、あなたの学童保育に足を運んでくれる可能性が高くなるのです。

### ■ 説明会は継続的に定期開催する

保護者にアプローチする方法として、「説明会」が挙げられます。この説明会に参加しやすい状況を常につくっておくことが重要です。

あなたの学童保育が、営業中の個別見学や訪問に対応せず、平日夜の子どもがほとんどいない時間や週末に説明会を開催するのであれば、定期開催することをおすすめします。あらかじめ説明会の日程を

提示しておくことで、ほとんどの保護者がその日程に合わせて申し込みをしてきます。

個別の日程調整はかなり時間がかかりますし、すべての希望者に対して平等に対応することはできません。問い合わせの数が少ないうちは個別対応もよいでしょうが、日程調整が難航しはじめたら、早めに説明会の定期開催曜日なり日時を決めて、アナウンスしましょう。

### ■「出店リクエストページ」は2年後に向けた大きな種まき

1校目の運営が軌道に乗りはじめたら、早めにホームページ上に出店リクエストページをつくりましょう。

出店リクエストページとは、新たにあなたの学童保育をつくってほしいエリアを募るためのものです。

出店リクエストページをつくることで、ホームページであなたの学童保育の存在を知ったけれど、自分の住まいからは通えない、でも家の近くにできたらいいなと思った方が、実名で具体的な地域や駅名、また地域の情報などを提供してくれます。弊社が出店した2〜4校目は、すべてリクエストがあった地域です。

特に新規出店時は、様々なプロモーションを行なうため、いろいろな人の目に留まります。残念ながらエリア的に通えないけれど、あなたの学童保育に共感してくれる方もいるはずです。そういった声をキャッチしておくためにも、出店リクエストページが必要となります。

# 5 | 安定経営を支える人材採用と配置

## ■ 人材採用・配置は難しくない

　さいごは、人材採用と配置の話です。採用もマネジメントも初めてという方も安心してください。1校目で大きな問題は起こりません。なぜなら、責任者としてあなたが現場にいるからです。もちろん子どもが相手ですので、日常的に子どもがいる時間帯はのんびりすることができません。しかし、役割分担を明確にして、つどコミュニケーションを行なっていればうまくいきます。

## ■ 人数を適切に配置することが大切

　人材採用と配置について最初に決めることは、スタッフ1名に対する子どもの人数です。都型学童クラブでは子ども40名以下につき支援員2名以上の配置を基準に予算策定されています。大手民間学童でも、子ども8〜12名につきスタッフ1名で対応しているようです。一方で、民間学童の1施設あたりの人数は、大手学童保育の場合、80名のところも多くあり、大規模化が進んでいると感じました。

　ちなみに、弊社の場合は子ども8名につきスタッフ1名、少人数制の表参道校では子ども5名につき、スタッフ1名で運営しています。

　最初の1校のスタッフの採用・配置は、ピーク時間帯のみ、かつパート・アルバイトで十分対応可能です。

　仮に毎日20名の子どもを預かったら、あなた＋スタッフ2名、13時半〜19時勤務1名、14時〜19時半勤務の2名体制で十分です。

　平日毎日勤務できない場合には、曜日を固定して勤務してもらえば子どもたちも曜日を固定して利用するので、週1日でも週2日でも全く問題ありません。ただし、毎日の様々な出来事や子どもについての共有事項について、あなたが情報連携をしていく必要があります。例

えば、「○○公園に行ったときに、子どもに話しかけてきた男性がいたので特に気をつけて見守りをするように」や「Aくんが宿題がないと報告をしていたけれど、実は宿題があったことがお母様からの連絡でわかったので、今日は連絡ノートもAくんとスタッフが一緒に確認をしてフォローしましょう」といった日々の注意点やフォローすべき点に関することです。

　人材配置の理想としては、2名いるスタッフは1名が大学生などの若い人、もう1名はあなたより年齢が高いシニアが望ましいです。子どもは一般的に若い先生が大好きです。ですが、若い先生だけだと、ふわふわとした雰囲気になりがちです。そこでもう1名シニアの方がいると、バランスの取れた雰囲気になるからです。

### ■ 人材採用はハローワークを活用

　人材不足が叫ばれていますが、採用についてもあまり焦る必要はありません。株式会社であれば、厚生年金の適用事業所届の手続きが終わったら、ハローワークで求人登録を行なってください。

　シニアの人はハローワークの募集で十分に応募があります。子ども関連の仕事は、不人気な職種ではありません。新しく学童保育を立ち上げる期間に採用告知も行なっていけば、採用時間もじっくりともてます。また、採用候補の方に、有料勤務体験として、体験イベント中のお手伝いをしてもらえば、お互いに見極めもできますし、体験イベントの人手不足を補えるので二重のメリットがあります。

　1つの例として、弊社の場合を紹介しましょう。最初の2年間は人からの紹介でスタッフを採用し、その後、公募採用をはじめました。その際、まずはハローワークを利用しました。

　ハローワークに出す募集条件は、次の通りです。

- 大卒以上
- 資格は不要
- 子どもと関わる勤務経験は不問

このように条件を厳しく設定していないため、これからの人生を子どもに関わっていきたい方からの応募が月に２〜３件以上ありました。実際、たくさんのスタッフをハローワークから採用しています。
　ハローワークは、失業中の方は必ず１か月に１回は手続きに行きますので、求人情報を子ども関連の仕事に興味がある方に紹介してもらえる可能性が極めて高いのです。
　なお、採用の際に資格の有無は聞いていません。そもそも民間学童は、許認可ビジネスではありませんので、スタッフも資格をもって働く必要はありません。人物採用を行なっています。

### ■ ２校目開校時の２つの落とし穴

　正社員の公募採用は、複数店舗を出す際には必ず必要となります。
　個人的には、国内４校、海外にも教室を立ち上げましたが、採用・育成の点でいえば、一番苦労したのは国内２校目です。とにかく、様々なことが起こりますので、気を引き締めて取り組んでください。
　あなたが１校目に残るのか、もしくはあなたが２校目に行くのかによってやるべきことが変わります。
　あなたが１校目に残る場合は、２校目の責任者候補は最低でも半年前には着任してもらい、１校目でしっかりとＯＪＴを行なってください。もし、この期間に責任者候補に対して疑問点があるようでしたら、払拭できるまで研修してください。どうしても疑問点を解消することができなければ再採用をおすすめします。
　あなたが２校目に移る場合も、あなたが抜けるインパクトの大きさを覚悟してください。いまはとてもうまく回っていたとしても、それはあなたという潤滑油があるからです。２校目を開校する前に、あなたがいなくても完全に回る仕組みと役割分担をつくりましょう。
　あなたが抜けた途端に、利用者がごっそりと離れてしまう可能性もあります。事前にあえて学童保育の現場には行かず、今後のシミュレーションを行ない、様々な問題点を把握しておくことも重要です。
　いずれにしても、あなたの後任や新たな責任者となる人の採用が成

功の鍵を握っています。絶対に妥協せず、しっかりと採用活動に力とお金をかけてください。

### ■ 責任者候補は「公募×地方採用」がおすすめ

　弊社は2018年2月に4月入社の中途正社員採用を、ハローワークと民間の媒体を使って行ないました。結果は、なんと57名の応募があり、2名の中途採用を行ないました。

　たくさん応募があった一番のポイントは、「子ども関連ビジネス業界×ワークライフバランス」です。塾や保育、またほかの民間学童保育業界は、全体的に超過勤務傾向にあるといわれています。その中で、弊社は、変形労働時間制を取っていて、正社員の勤務時間は、「1日の勤務時間8時間×平日の日数」を超えることはほとんどありません。夏休み等を除くと1か月の勤務時間が120～140時間程度です。

　また、結果的に入社してもらった2名は、地方からの採用となりました。地方在住の方に対しては、一次面接をスカイプで実施したり、電話インタビュー後に1日で面接と勤務体験を終わらせるなど特別対応をしました。その結果、大手とバッティングすることなく、弊社にとって優秀な方を採用することができました。

　採用戦国時代であっても、小粒の学童保育でも勝ち残ることはできます。以上を参考に、あなたの学童保育だからこそできる採用活動に取り組んでいただければ幸いです。

巻末

# 「こどもクリエ塾」の実例集

## 1 | 学校をつくろう！
  ～何もないところから学ぶ～

■ **情熱をもって創造的に学ぶ**

　私が民間学童保育施設「こどもクリエ塾」を立ち上げようと思った原点には、私自身の体験に基づく想いがあります。それは、子どもの学びへの情熱は、本人が学ぶ目的を見出し、学ぶ必要性に気づくことからのみ生まれる、という確信です。

　私の小学生時代は、勉強と家の手伝いの6年間だったといえます。教育熱心な母は、私のために自ら塾を開き、学力を段階的に高める反復学習を私に課しました。おかげで小学生の間に高校の「数学Ⅰ」を修了するほどの基礎学力は身につきました。その過程はチャレンジングであり、達成感はありましたが、正直なところ「何のために勉強するのか？」という学びの目的と情熱を見出すことはありませんでした。

　本来「学び」とは、勉学だけを通じて育まれるものではないと思っています。私の場合、小学生から中学生にかけて、課外活動として半年ごとに取り組んだ町内の廃品回収活動のほうが、塾での勉強よりも楽しく、学び多き思い出になっています。決められた時間の中で、いかに効率的にたくさんの新聞紙やダンボールを集めることができるか、自分でよく考え、近所の仲間と計画を立てて役割を分担し、チームで働く楽しさを学びました。見知らぬ家や企業を訪問し、趣旨に賛同して協力してもらえるように説明しました。いろいろな理由で断られることもありましたが、うまくいかなかったときの反省点をふまえて次の交渉に臨むことで、創意工夫が活きる喜びも知りました。

　このときの想いを、理論と実践に基づいて具現化できる学童保育を設立しようと思ったのです。

　子どもたちが情熱をもって創造的に学ぶ場でありながらも、彼らの

「第二の家」として自由にくつろいで過ごせる場をつくりたい。この想いで2010年秋に「こどもクリエ塾」の立ち上げをスタートさせました。

### ■ プロジェクト型学習

「こどもクリエ塾」では、創造的かつ本物の学びを展開するため、「プロジェクト型学習」というアプローチを導入しました。

日本では、文科省が2020年大学入試改革に向けての教育制度見直しに伴いアクティブラーニングや探求学習という学びが注目されていますが、プロジェクト型学習はこれらとほぼ同じものだと考えてください。

プロジェクト型学習は、子どもの自らの興味や問題意識に基づく探求を、企画立案からプレゼンテーションに至るまでの一連のプロセスにおいて、自発的に展開していくのが特徴です。

プロジェクト型学習は、未来志向の学習メソッドとして、欧米ではすでに導入されています。2010年当時、フィンランドが学力世界一として注目されていました。その理由は、OECD（経済協力開発機構）が実施しているPISA（学校に通う15歳の子どもを対象に2000年から3年ごとに実施している学習到達度調査）で2000年、2003年、2006年と世界1位を連続して獲得しました。フィンランドの公教育がこのプロジェクト型学習だったからです。

### ◆体験イベント「学校をつくろう！」

「プロジェクト型学習の学び方と効果をどうやって伝えていこうか？」

プロジェクト型学習は、いまでこそ注目されていますが、当時の日本では一部の学校関係者の間でしか話題になっていませんでした。しかも、私は教育業界出身者ではありません。リクルートで営業や外資系企業でコンサルタントをしていた私がいくら説明しても全く説得力がありません。

そこで、学童保育の教室を子どもたちと一緒につくることをプロジェクト型学習のテーマに設定し、このプロセスと効果を見せていく体験イベント「学校をつくろう！」を開催することにしました。
　そのときの告知文は次のようなものです。

> 　スクール開校に先立ち、全5回のプロジェクト参加者を募集します。テーマは「学校をつくろう！」。自分たちが学びたい学校のデザインを子どもたちが決めるプロジェクトです。アドバイザーとして建築家が参加し、社団法人日本インテリアデザイナー協会関東事業支部・事業委員会／研究委員会による、カリキュラムとデザイン監修／指導によるプロジェクトを実施します。集まれ！　未来のインテリアデザイナー！！

　事前準備として、トイレの増設工事（男女別各1つ）を行ない、レンタルショップで大きな机と椅子を借りました。受注生産の台形机だけは、これからのプロジェクト型学習に必要だと考え、3月27日の完成披露会までに間に合うように前もって発注しておきました。
　イベントの告知と集客活動は、タウン誌での広告、年賀状を利用した配達地域指定郵便物による近隣住民への告知、近隣マンションへのポスティング、インターネットでの告知活動、そしてFacebook経由で知り合いや、さらにその知り合いへ転送などを行ないました。予算も精一杯使い、できる限りのことを行ない、どうにか9人の子どもたちを集めることができました。
　2011年2月13日。何もないがらんどうの部屋にあるのは借りてきた椅子と机だけ。ここで「こどもクリエ塾」として初めての、そして学童保育として、また習い事教室としてもおそらく前代未聞の体験イベントをスタートさせました。

## ■ プロと協業するコツ
　イベントの企画・実行に際しては、当時の社団法人日本インテリア

## 「学校をつくろう！」イベントのスケジュール

| 【第1回】<br>2月13日（日）<br>10:00～12:00 | レクチャー＆プランニング<br>・どんな学校なんだろう？<br>・インテリアってなに？<br>・自分が過ごしてみたい学校をデザインしてみよう |
|---|---|
| 【第2回】<br>2月20日（日）<br>10:00～12:00 | 学校の模型づくり<br>・「インテリアキット」で窓や床を表現しよう<br>・模型の中に、机や棚をセッティングしよう<br>・私は、学校でどんなふうに過ごしているのかな？ |
| 【第3回】<br>2月27日（日）<br>10:00～12:00 | お披露目会<br>・自分のつくった学校を発表しよう<br>・ほかの人の学校も見てみよう |
| 【第4回】<br>3月6日（日）<br>10:00～12:00 | 最終プランニング<br>・みんなが使う家具を決めよう<br>・これが、みんなの学校プランニングだ！ |
| 【第5回】<br>3月27日（日）<br>10:00～12:00 | 完成披露会 |

▲プロジェクト開始当初の「こどもクリエ塾」

デザイナー協会関東事業支部・事業委員会／研究委員会の方々と、株式会社日本設計建築設計群の建築家・藤田雅義氏、そして、プロジェクト・ベース学習研究者・上杉賢士氏にも協力していただきました。各分野でのプロ・専門家の方々のサポートにより、私一人で考えていたらできなかった学びの場をつくることができました。

　例えば、私が子どもたちにインテリアデザイナーの仕事を紹介することはできますが、リアリティはありません。やはり、そこは実際のプロがいるだけで全く違います。また、子どもたちの多様な意見を形にしていく際に、専門家の方に全面的に協力していただきました。

　子どもたち一人ひとりが考えてつくる教室の模型は、教室や机のサイズ、そして子どもや大人のモデルも縮尺してつくりました。模型を見ていると、まるで本物の教室にいる感覚になります。子どもたちの知的好奇心をとても高めることができました。

　子どもたちには、予告をしたうえで、自分でつくった模型を一人ひとりに発表してもらいました。リアルな模型を見ながら子どもたちの説明を聞くことで、それぞれの細部に至るこだわりやその想いを共有することもできました。大勢の前で堂々と発表する我が子の姿に、保護者の方々からもとても感謝されました。

　一方で課題もありました。すべては子どもたちのためとサポートする大人たちは同じ方向を向いているはずなのに、個人の想いだけで突っ走ったり、それを止めて険悪になってしまったり。打ち合わせやコンセンサスの確認に膨大な時間がかかってしまいました。「もし、もう一度『学校をつくろう！』のようなイベントを行なうときにはどうしたらよいか？」という観点でまとめましたので、参考になれば幸いです。

## ①指示命令関係は最初に明確にする

　共同開催、監修などの言葉により関係があいまいな場合には、最終責任者が誰なのかを最初にはっきりさせてください。最終責任者が決裁者であり、指示者です。プロジェクトに協力してくれる専門家の

方々は、独立自営業している方も多く、かつ自分よりも年上の方がほとんどかもしれません。話し合いをして、どうしても意見が割れたときには、最終的には責任者の判断に委ねていただくことは全員の合意をとってから進めてください。

## ②カウンターパートを明確にする

　会社ではない団体の場合は、その組織内での意思決定も非常に不明確です。カウンターパート（対応相手）を決めてもらい、かつ参加者の役割を明確にしてもらってください。

## ③適切な専門家を見極める

　「各分野の第一人者」とは、大人の世界の話です。子どもと一緒に学ぶに際してふさわしい方なのかはあらかじめ見極めるよう努めてください。その方法は、「小学生になっていない5歳の子どもに伝えるとしたら、例えばどう伝えますか？」と問うことです。すぐに具体的な事例などで説明できれば、日ごろから自分とはバックグラウンドが異なる様々な方ともコミュニケーションをしてきている人でしょう。「当日までに準備をしてわかりやすく話しますよ」などと、具体例がすぐに出てこない方は要注意です。

## ④評論家はいらない

　プロジェクトはいろいろな方に賛同してもらいながら……と当初は考えていました。

　実際には、具体的なアウトプットに深く関わってくれない方は不要です。むしろ、何もしない評論家になってしまうので、結果としてプロジェクトの士気を下げかねません。

　どうしてもプロジェクトメンバーとして名を連ねてほしい方がいるのであれば、その方自身にも何かに関わってもらうような役割をお願いするか、もしくはプロジェクト（特にマーケティング）における目的を理解してもらいましょう。

■ **子どもたちの変化**

さて、肝心の学びとしての効果ですが、イベント最中から確かな手応えがありました。

「毎日、クリエさんの教室デザインや調べものばかりやっていますよ。だから、"勉強が終わったら、クリエさんのデザインをしていいよ"と子どもと約束したので、宿題も家の勉強も自分からやるようになりました」

これは、当時小学校1年生の子のお母さんからいただいた言葉です。この子は、こどもクリエ塾開校後、5年生になるまで毎日通ってくれました。

このほかにも、「いろいろなことに興味を持ち、自分で本を読んで調べるようになった」「わからないとすぐ親に聞いていた子が、まずは自分で考えるようになった」といった声もいただきました。

教室開校後、「学校をつくろう！」に参加してくれた子どもたちは、まさに自分の教室として、運営にもリーダーシップを発揮してくれてとても助かりました。

創造的かつ本物の学びの効果を体験イベントで確認することができたのです。プロジェクト型学習の考え方はすべての教室で展開し、子どもたちの成長物語をつくり続けています。

▲子どもたちがデザインした白金台校

▲ロールカーテンも子どもたちのデザイン

## プロとリアルに学ぶ

### ①子どもたちの意見を形にしていく

子どもたちの意見について、専門家からアドバイスをもらいながら過ごしてみたい空間を具体的にイメージしていきます

### ②実際の教室の縮尺モデル

実際のサイズに基づいて小さくした模型の中に、机や棚を置いて、教室内をデザイン。つくる子どもによって個性が出ます

### ③デザインした教室を映像で体験する

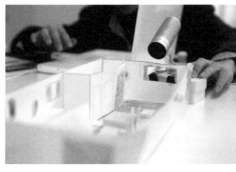

子どもがデザインした模型をビデオカメラで撮影して、教室内を疑似体験する完成披露会を行ないました

## 2 | 不動産契約でトラブルに見舞われないために

■ まさかの2か月で退去

　2013年8月7日。民間学童こどもクリエ塾の2校目、茗荷谷校。
「音がうるさいのでちょっと静かにしていただけないでしょうか？」
と下のテナントの方から連絡があったとき、耳を疑いました。

　2014年4月開校に向けて2013年6月末に契約した物件。夏休みに利用したいというリクエストを受けて急遽、臨時開校したため、この日施設にいた子どもはたった2名でした。すぐに下の階にお邪魔させていただくと、子どもが室内を歩いただけで、バウンバウンと下の階の部屋全体にハウリングするような騒音、振動が漏れていることが発覚したのです。

　衝撃が走りましたが、このときの私は、ことの重大さには気づいていませんでした。「なんとかなる！」と思っていたのです。

　翌日、不動産会社に相談すると、「防音材を敷けば解消できる」といわれ、すぐに防音材を敷き、どの程度音が軽減されるかテストしてみることにしました。

　しかし、私の願いもむなしく、音は小さくなったような気がした程度で、振動レベルとしては全く変わることはありませんでした。

　さらに、このとき立ち会っていただいた下の階のテナントの方から、「おたくの前にも幼児教室が入っていてさ、防音ゴムマットを敷いたりしてテストしたけど結局ダメで出ていったよ。知らなかったの？　たしか、あのときテストした会社は、Xにあるa社っていっていたかな？　不動産会社も、そういうことがあったのだから子ども向けに貸しちゃダメだよね」といわれました。

足元からくる震えを抑えながら、私はとにかくそのテナントの方の一言一句を漏らすまいと必死でメモしたのでした。

## ■ 4つの音対策

学童保育における騒音の苦情は大きく2種類あります。1つは子どもの声や楽器の音の問題、そしてもう1つが足音の問題です。声については大声を出さないようにし、楽器は使わなければよいのですぐに対応できます。

しかし、足音の問題となると、ビルの構造が原因となります。このビルの構造に起因する音の反響を物理的に抑えるために、次の4つの方法があります。

①置床(おきどこ)工法
②直貼(じか ば)り方法
③防音ゴムマットを敷く方法
④コンクリート打ち増し工事

### ①置床工法

置床工法とは、一般的には騒音対策ではなく床下配線工事のために取り入れられている方法です。床をすべて剥がして工事をするため、時間も費用もかかるうえ、効果としては未知数かつ事前検証ができないということで見送りました。

### ②直貼り方法

グラスウール等防振・防音材を敷く方法で、弊社がテストした方法です。

ＯＡフロアを剥がさないで施工できるため、短時間でできて費用も安く、さらに原状回復費用も安く済むというメリットがあります。しかし、残念ながらそのときは全く効果がありませんでした。

●床の構造と対策

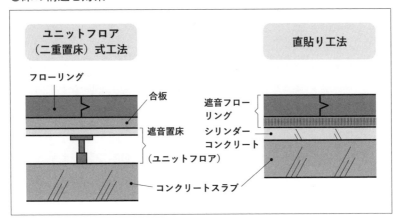

### ③防音ゴムマットを敷く方法

　下の階のテナントの方から聞いた、前の入居者の騒音テストを受け負ったa社はインターネットですぐに見つけることができました。電話で事情を伝えると、私の逼迫した状況に同情して社長が時間をつくって当時の資料をすべて提供してくださいました。

　a社がテストした方法は、この「防音ゴムマットを敷く方法」です。多くの実績があるため社長が選定したそうですが、茗荷谷校のビルでは全く効果がなかったという詳細な結果が資料には書かれていました。

　さらに社長は、私にもわかるようにビルの構造を教えてくれました。それによると、ビルのスラブ厚（床版の厚み）と床コンクリート密度が不足していて、コンクリートの上に一般的にはあるはずの吸音材（グラスウール）も全くない。よって、コンクリート密度を強化する以外の騒音対策法はないということでした。

### ④コンクリート打ち増し工事

　一縷(いちる)の望みを託して、音響設備計画会社と構造設計事務所の専門家を訪ねました。竣工図などの詳細図面を見た専門家の判断は残酷でし

た。足音を消すためには、あと150mm分の厚さのコンリートを打ち増しする必要があったのです。

しかし、そのためには次の3つの問題がありました。

問題① 建築重量が大きく増すため、行政機関に建築確認申請をする必要があるが、構造計算書がない場合、構造設計の費用が100万円程度かかってしまう。

問題② 構造的に問題がある可能性が高く、構造補強の費用が発生する（数百万円レベルの可能性あり）。

問題③ 上記を施しても全く音が聞こえなくなるというわけではない。緩和はできるが効果は保証できないため、この件を引き受けることはできない。

万事休す。すぐさま退去に向けた準備をすることとなりました。

## ■ 代替物件が見つからない

すでに4月から新1年生25名が入会することが決まっていました。絶対に迷惑はかけられない。近隣であれば、表通りに面していなくてもいい。とにかく、物件を探さなくては。音問題が発覚した時点で、すぐに並行して物件探しをスタートさせていました。

茗荷谷駅から徒歩3分圏内の場所に2つ適当な広さの物件が空いていました。しかし、子ども向けは不可と断られてしまいました。

不動産会社から物件の紹介もなくなってしまったのですが、それでも居ても立ってもいられません。学童保育の営業が終わると、毎晩、茗荷谷駅周辺を歩いて自分で物件を探すことにしました。茗荷谷駅周辺は春日通りを挟んで、小さな脇道や坂がたくさんある街です。空き物件を見つけると、すぐに不動産会社に情報を送り、照会してもらうことを繰り返しました。そして、家に帰れば、インターネットでの情報収集と問い合わせ。もしかしたら今日はあるかもしれないと、毎晩、毎晩、物件探しを続けました。

私たちに貸してくれる物件は、当初より空いていた1階が居酒屋、2階がカラオケ店のビルだけでした。1～2階はそれぞれ別の入り口を持つため、子どもたちが店のお客様と交わることはありません。それでも、果たしてここに出店してもいいのか。いや、無理じゃないかと考え、私には決めることができませんでした。
　入会予定の子どもたちのことを考えると、早くいまの状況をお伝えしなくてはいけません。このとき問題発覚から1か月が経過していました。
　9月13日に入会者に現状をお伝えすることに決めて、時間の限り物件探しに努めました。

### ■ 利用者目線で本気で代替学童保育を探す

　物件探しと並行して、近隣の民間学童の情報収集も行ないました。入会者の中には、バスや電車を乗り継いで茗荷谷校まで通う予定の方もいました。茗荷谷駅周辺だけではなく文京区全体や、隣の豊島区まで出かけて情報収集を行ないました。
　利用者のニーズ、学童保育に求めることはある程度はわかっています。空き状況と、最寄り駅からのアクセス、送迎の有無、カリキュラム、その他サービス。教室の様子、スタッフについて。
　「ここに通ってもらうのであれば、やっぱり私の学童保育に通ってもらいたい。でも、1階が居酒屋で2階がカラオケ店のビルに子どもを通わせるわけにはいかない」。この堂々巡りです。私にはもう時間がありませんでした。

### ■ 学童保育は保護者にとって社会的なインフラ

　2013年9月13日。なんら進展なく、時間切れとなりました。
　私は緊急説明会の案内と、これまでの経緯、今後の選択肢が撤退か、居酒屋とカラオケ店が入るビルへの移転かであることをメールで保護者のみなさんに伝えました。
　10分後。すぐに電話をくださったのは、4月から入会予定の男の

子のお母様でした。

「私は、教室の場所や建物で学童を選んだわけではありません。教育内容と学童保育方針に共感したから選んだのです。だから、なくなっては困るのです」

少しトーンの高い声は、入会手続きのときの淡々とした話し方とは全く別物でした。余計、胸に響きます。

その後も、多くの方から返信がありました。「場所は任せる」「カラオケ店のビルでも玄関が別なのであれば問題ない」「とにかく撤退だけは絶対にやめてほしい」という趣旨のご連絡ばかりでした。

とてもありがたいと共に利用者の方を理解しているようで、全く理解できていなかった自分が情けなくなりました。

また、学童保育は働く保護者にとっては社会的インフラ。どんなことがあっても潰すことはできないと改めて心に誓いました。

その後、事情を知ったある保護者の方から、地元事情に詳しい知り合いの不動産会社を紹介していただき、現在の茗荷谷駅前に立つビルに5～6階の2フロアで運営ができることとなりました。しかも、5階がちょうど空いたばかりで、いろいろな意味で絶妙なタイミングで縁を結ぶことができたのです。

### ■ そして損害賠償請求へ

問題が起きたビルの階下のテナントの方から、過去に幼児教室が入っていたけれど撤退せざるを得なかった事実を聞いて、すぐに顧問弁護士でもある友人に連絡しました。

私一人の教室ではありません。すでに25名の子どもたちと、働く保護者の方を守る義務が私にはありました。

ビルのオーナーとオーナー側の不動産会社に次の点を問いました。

- 防音対策をしても十分な結果が得られなかった
- 弊社が入居する以前にも幼児教室が入居していたところ、騒音・振

動の問題で退去を余儀なくされたという事実がある
- 弊社はそのような事実の説明を受けたことはない
- 児童が歩行しただけで騒音・振動が階下に漏れ響き、階下から苦情が出るという本物件は、使用目的に応じた通常有すべき最低限の品質、性能を備えていない

　以上の主張についてのすべての証拠を整え、退去と共に、ビルのオーナーとオーナー側の不動産会社に対して、損害賠償請求の通知書を弁護士から送りました。以降、すべての交渉は弁護士にお任せすることとなりました。

### ■一番の味方のはずの不動産会社が裏切り者だった

　弁護士同士の話し合いでわかったことは、オーナー側の仲介不動産会社は、実は管理会社だったこと。そして、私の味方だと思っていた仲介会社は、実は管理会社と私の両方の立場の仲介だったということが判明しました。両手取引（121ページ参照）をしていたのです。

　そして、この両手取引をしていた担当者は、渦中で会社を退職してしまいました。そのため、争うべき相手が仲介会社へ変わりました。しかし、これ以上仲介会社と争ってもコストとパワーに対するリターンが期待できないことから、顧問弁護士に最大限の交渉をしてもらい、話し合いをまとめてもらいました。ようやく決着し、オーナー、管理会社、そして仲介会社それぞれから和解金が入金されたのが2014年9月3日。弁護士費用を含めると、今回の一連の騒動に伴うすべてのもち出し（前物件でのトイレ増設と原状回復等費用や看板変更、引っ越し料金すべて含む）は90万円弱に収まりました。

### ■学童保育開設を目指す方へのアドバイス

　すでに入会を決めてくださった保護者のみなさんのことを想い、夜通し茗荷谷を歩き回った日々を考えると、私と同じ思いをあなたには決してしてほしくはありません。

どうやったら、このような事態を避けられるのか。

一番は学童保育を理解してくれて、あなたが信頼できる不動産会社と出会うことです。しかし、信頼関係は時間を重ねないとわからないもの。だからこそ、このエピソードを読んだうえで、改めてステップ③をもう一度よく読み返してください。どれも抜けがあっては困るものばかりですが、特に確認しなくてはいけないのが「特約」です。

本件を私自身の力で唯一避けることができたとしたら、この特約の確認です。特約について私が疑いの目で読み、そして仲介会社に具体的に質問をしていたら、伏せられていた事実を知ることができたかもしれません。

いまとなっては、保護者の方や地域の方に支えられる喜びと学童保育の使命を改めて強く感じ、駅前のビルにも入居でき、さらにこうして様々な体験を通じて本の執筆までできているので、貴重な体験ができたことに感謝しています。

## 3 子どもたちがつくるプロジェクト型学習の事例

### ■ 目的からはじまるプロジェクト

「こどもクリエ塾」のプロジェクト型学習では、子どもたちが自分たちのやりたいことに自由に取り組んでいます。ただし次の2つの目的を考えることが条件となっています。

- プロジェクトに取り組むことで、自分たちにとってはどんな学びになるか？
- プロジェクトを発表する相手にとって、どんなよいことがあるか？

この2つの目的を考えたうえで、本当に好きなことにみんなで取り組んでいます。

### ■ お化け屋敷プロジェクト

子どもたちが、プロジェクトのテーマとして「お化け屋敷」をやりたいといってきました。お化け屋敷は子どもに大変人気で、毎年、必ずどこかの教室で取り組んでいます。
「もちろん、いいよ！ お化け屋敷の目的は？」と尋ねると、意外なほど深い答えが出てきました。

どんな学びになるか：人気のお化け屋敷を取材して、どうすればよいかを学んだうえで、お化け屋敷をつくりたい。そうすれば、取材の勉強にもなる。
相手にとってどうか：いろいろな人を招待してお化け屋敷に参加してもらうことで、ただ怖いだけではなく、参加することで元気になって帰ってもらいたい。

東日本大震災直後のイベント。街全体に元気がないと感じていたようで、子どもたちの想いが伝わってきました。また、「取材」という言葉が子どもから出たことに驚きました。これは、両親が新聞記者をしている兄弟が通っていたため、子どもたちの話し合いの中で、「取材」という言葉が共有されていたことによるものでした。

### ■ 取材する目的を考える

「お化け屋敷プロデューサー」を知っていますか。私もこのプロジェクトで初めて知ることができました。

東京ドームシティアトラクションズでは、様々なお化け屋敷を実施しています。東京ドームの広報の方に協力していただき、そのお化け屋敷を企画したお化け屋敷プロデューサー五味弘文さんに取材させてもらうことになりました。五味さんは、全国の様々なお化け屋敷をプロデュースしていて、たびたびテレビにも出演されているお化け屋敷業界の第一人者です。

取材日時が決まったら、五味さんや東京ドームシティアトラクションズで実施しているお化け屋敷についての情報収集をし、取材の準備をはじめました。

そもそも何のために取材をするのか、その目的から考えます。ただ闇雲に質問するのではなく、その質問をした結果どうしたいのかを考えたうえで、子どもたちは質問を練り上げました。

そして、初めての取材に備え、友だちを相手に取材の練習をして、当日を迎えました。

### ■ 号泣からの取材

まずは、五味さんプロデュースのお化け屋敷を体験してから、取材することにしました。

待っているときはやる気満々だったのですが、お化け屋敷に一歩入った瞬間から、五味さんの創り出す雰囲気に子どもたちは号泣。泣

いている子どもを見て、子どもたち全体に恐怖が広がり、過半数の子はお化け屋敷に入ることさえも拒絶し、先生と一緒に無事にゴールできたのはたった１組だけでした。しかし、ゴールできなかった子どもたちも本物のお化け屋敷の接客や演出を体験し、雰囲気を感じることができました。

　そして、いよいよ取材です。
「お化け屋敷を成功させるために、一番大切なことは何ですか？」
　五味さんはとても気さくに、子どもたちの質問に何でも答えてくれました。
「何だと思う？」
　あなたもちょっと考えてみてください。
　お化けの演出？　驚かすための仕掛け？
　五味さんは次のように教えてくださいました。
「大切なことはストーリーだよ。ストーリーが面白ければ成功する。でも、ストーリーがもともと面白くなかったら、どんなにいろいろな仕掛けを頑張っても、うまくいかないんだ。だから、みんなもまずはストーリーを考えるんだよ」

■ **物語をつくり上げる**
　取材の翌週からは、早速ストーリーづくりに取り組みました。流行るストーリーには、必ずパターンが決まっています。主人公がいて、主人公には達成しなくてはいけない目的がある。しかし、主人公の目的を邪魔する障害がある。そこで、人やモノ、アイディアによりその障害を乗り越える。さいごは幸せになる。
　ＴＢＳドラマの時代劇『水戸黄門』も、毎回このパターンで構成されています。視聴者も、このパターンを期待して観ていたはずです。
　いつも、水戸黄門の行く手を阻む悪事に必ず出くわします。ときには水戸黄門一行が悪人に捕らえられてしまうこともありました。
　でも、最終的に、悪人に負けることはありません。さいごは、悪人

を成敗し、平和な世界が訪れます。

　子どもたちは、まず自分一人で物語を考え、それをみんなの前で発表し、話し合いをします。そして一番よい物語に、さらに意見を加えて、1つの物語をつくり上げていきました。

### ■人を驚かせるコツ

　お化け屋敷プロデューサーの五味さんは、演出についても子どもたちにアドバイスをしてくれました。そして、人を驚かせるコツを参考に、ストーリーにあった仕掛けを考えてコースをつくりました。次ページのコース図は子どもたちが実際にパワーポイントで作成したものです。

---

- フェイント
  例えば、通路の先にいかにもお化けが出そうな物陰をつくっておく。お客様は、あそこに行ったらお化けが出るなと思って通っているところで、予想もしていなかった足首を掴むなどの仕掛けを行なう。
- しつこくしない
  楽しんでもらうためには、しつこく驚かせてはいけない。さっと驚かせて引き上げること。
- 音の高低
  音の高低を変えるだけでも、イメージが違う。ストーリーにあった音を考える。

---

### ■演劇＆おもてなしの心ワークショップ

　仕掛けが決まったら、いよいよ演出です。ここは劇団員の先生と一緒に演出を考えながら練習しました。
　一方で、受付チームは、オリエンタルランドの研修担当の方を先生に招き、おもてなしについて考えました。

# お化け屋敷のコース図

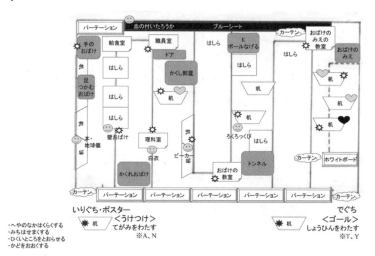

　おもてなしとは、お客様に笑顔になってもらうこと。そのためには、何をしたらいいのか、何が必要なのかを考えて準備を進めます。お化け屋敷の招待状・チラシやポスターも子どもたちがつくりました。子どもたちのリクエストで参加賞の飴玉もたくさん準備をしました。

## ■子どもたちの集客力

　当日は、なんと50名以上のお客様をお迎えしました。すべて子どもの手で行なった告知活動によるものです。事前に保護者からのお問い合わせや、稀に学校関係者の方からのお問い合わせがあり、ここはスタッフがフォローしました。

　当日は、狙った通りのお客様の反応が得られたり、考えつかなかった運営上の課題があったり、すべて子どもたちの学びとなりました。

　プロジェクトが終わったら、振り返りを必ず行ないます。純粋にど

う感じたのか。うまくいったこと、もっと工夫できたこと、次はどんなことをやっていきたいのか。お披露目したら終わりではなく、次のプロジェクトに繋がるよう話し合います。

### ■ 学びのコミュニティを創る

　お化け屋敷というテーマでも、目的にあわせて実に様々な学びと本物の体験をすることができました。

- 自分の意見を発表する
- 話し合いで決める
- 取材の仕方を学ぶ、実際に取材する
- 物語を考えて発表する
- 仕掛けを考えて、実際につくる
- 演劇を学び、実際に演じる
- 接客について学び、お客様対応をする
- 目的に合ったチラシやポスターをつくる
- 自分で振り返り、発表をする

　さらに、この一連のプロジェクトを通じて、子どもたちはリーダーシップを学んでいきます。最初は、お姉さん・お兄さんについていくのに精一杯だった１年生。不思議なもので、教えたり、指示をしなくても、経験を重ねながら、司会や各チームリーダーを進んでやってくれるようになります。
「先生、１年生が遊んでばかりで、なかなか手伝ってくれないんだよ」
　１年前までは自分がいわれていたセリフを、いっている２年生の姿を大人は毎年微笑ましく見守っています。
　子どもたちがつくる学びのコミュニティが、ますます子どもたちを成長させてくれます。そして、私たち大人は、子どもたちの成長に負けないように共に学び続けていくのです。

## おわりに

　現在、民間学童を経営し、さらに拡大・成長を目指している私が、なぜ民間学童のつくり方・運営の仕方のすべての手の内を公にする本書執筆に至ったのか。

　すべては2013年茗荷谷校での不動産トラブルにより、学童保育経営の使命と期待の本当の重さを保護者の方々から教えていただいたからです。

　経営者としては施設閉鎖直前まで追い詰められた死の淵から、保護者の声に助けられ、いまに至るといっても過言ではありません。

　さらに、国の政策としては、女性活躍推進や子どもの支援に力を入れて取り組んでいくといわれています。小学生の子を持つ親の就業支援として重要な役割を担う学童保育への期待はますます高まっています。

　学童保育という社会的インフラを担う使命と期待の重さ、ビジネスとしての可能性と醍醐味、そして設立と運営の仕方、この３つをたくさんの方にお伝えしたくて本書出版に至りました。

　私自身、これからも前線に立ちながら、子どもたちの成長に負けないよう学童保育の現場で邁進をしてまいります。

　そして本書出版に至るサポートをしていただきました宮原陽介様をはじめ、ご協力いただいたみなさまに厚く御礼申し上げます。

　さいごに本書を読んでいただきまして本当にありがとうございました。みなさまが理想とする学童保育施設を運営できますことを願っております。

遠藤奈央子（えんどう なおこ）

「こどもクリエ塾」主宰者／株式会社ビジョンゲート代表取締役。リクルートとIBMビジネスコンサルティングサービス（現IBM）で戦略コンサルタントとしての勤務を経て、2011年4月民間学童保育「こどもクリエ塾」を設立。表参道、白金台、日本橋、茗荷谷、四谷で5校を運営しキャンセル待ちが続いている。2018年8月タイ・バンコクにも開校。日々現場でこどもと共に学びあう、教育者としての顔をもつ事業家。直接指導したこどもは延べ1,800人を超える。2021年より全国からのリクエストにこたえ、こどもクリエ塾を共に広めるパートナー・21世紀型フランチャイズ募集を開始。https://visiongate.co.jp

「民間学童」のつくり方・運営の仕方

2019年2月20日　初版発行
2021年8月1日　第2刷発行

著　者　遠藤奈央子　©N.Endo 2019
発行者　杉本淳一

発行所　株式会社 日本実業出版社　東京都新宿区谷本村町3-29 〒162-0845
　　　　編集部　☎03-3268-5651
　　　　営業部　☎03-3268-5161　振替　00170-1-25349
　　　　　　　　　　　　　　　　https://www.njg.co.jp/

印刷／壮光舎　　製本／共栄社

この本の内容についてのお問合せは、書面かFAX（03-3268-0832）にてお願い致します。
落丁・乱丁本は、送料小社負担にて、お取り替え致します。
ISBN 978-4-534-05671-9　Printed in JAPAN

## 日本実業出版社の本

### 図解 NPO法人の設立と運営のしかた

宮入賢一郎・中澤正人・
永村清造・三上恵司
定価 本体 1800 円（税別）

NPO法人に対する素朴な疑問、諸官庁への届出から、会計や税務、労務、上手に活動を続けるポイントまでを経験を踏まえてわかりやすく解説。

51の質問に答えるだけですぐできる
### 「事業計画書」のつくり方

原尚美
定価 本体 1600 円（税別）

事業に必要なことに関する51の質問に答えるだけで、事業計画書がつくれます！ 事例をあげながらの説明で、必要な数字や計算書類の作成の仕方もバッチリ紹介。

最新 起業から1年目までの
### 会社設立の手続きと法律・税金

須田邦裕・出澤秀二
定価 本体 1800 円（税別）

「起業を考えてから設立1年目まで」に最低限必要な知識をやさしく解説。起業家としての心構えから節税メリット、法律対策、各種書式の記載法までこの1冊で完璧。

この1冊ですべてわかる
### 経営戦略の基本

株式会社日本総合研究所
経営戦略研究会
定価 本体 1500 円（税別）

経営（全社・事業）戦略を初めて学ぶ人はもちろん、基本をつかみきれていない人にも最適な入門書。古典的な経営戦略から新しい戦略までを網羅した1冊。

定価変更の場合はご了承ください。